Celebrar nuestra fe

La Reconciliación
Guía para la enseñanza

Consultora principal del programa
Dra. Jane Marie Osterholt, SP

D1405276

BROWN-ROA
A Division of Harcourt Brace & Company

Nihil obstat
Revdo. Richard L. Schaefer

Imprimátur
✠ Rvdo. Mayor Jerome Hanus OSB
Arzobispo de Dubuque
1° de agosto de 1998
Fiesta de San Alfonso Liguori
Patrono de los confesores

El comité ad hoc encargado de vigilar el uso del Catecismo, National Conference of Catholic Bishops, determinó que esta serie catequista sigue el *Catecismo de la Iglesia Católica.*

La nihil obstat y el imprimátur son declaraciones oficiales de que un libro o folleto no tiene error doctrinal o moral. Lo presente no implica que aquéllos a quienes se les otorgó la nihil obstat y el imprimátur están de acuerdo con el contenido, las opiniones o las declaraciones expresados.

BROWN-ROA
A Division of Harcourt Brace & Company

Nuestra misión

La misión principal de BROWN-ROA es proveer a los mercados católicos los recursos catequistas impresos y audiovisuales de mayor calidad. El contenido de estos recursos reflejan los detalles más importantes de la investigación actual teológica, metodológica y pedagógica. Estos recursos son prácticos y fáciles de usar. Están diseñados para satisfacer necesidades de mercado específicas y están escritos para reflejar las enseñanzas de la Iglesia Católica.

Photography Credits
Cover: Stained-glass windows at Zimmerman Chapel, United Theological Seminary, Dayton, Ohio. Photography by Andy Snow Photographics.
Gene Plaisted/The Crosiers: 11, 18, 63(c); **Digital Imaging Group:** 10(bl), 14, 15, 19, 23, 26, 34, 35, 38, 38, 42, 51, 51, 59, 62(c), 63(bl), 63(tl), 64(bl), 64(c); **FPG International:** Bill Losh: 30; Telegraph Colour Library: 6; **Jack Holtel:** 27; **PhotoEdit:** Tony Freeman: 22; David Young-Wolff: 46; **Andy Snow Photographics:** 10(c), 39, 43, 47, 50, 61, 62, 64(tl); **Tony Stone Images:** Stewart Cohen: 31; Peter Poulides: 7. Special thanks to the parish communities at St. Charles Borromeo, Kettering; St. Paul's, Oakwood; and Holy Angels, Dayton, for cooperation with photography.

Illustration Credits
Biblical Art: Chris Vallo/The Mazer Corporation: 8–9, 16–17, 24–25, 32–33, 40–41, 48–49; **Children's Art:** 12–13, 20–21, 28–29, 36–37, 44–45, 52–53 (prepared by Chelsea Arney, Lisol Arney, Kaley Bartosik, Hannah Berry, Noah Berry, Morgan Brickley, Brittany King, Cecily King, Jackie Malone, Katie Malone, Bob Ninneman, Claudia Ninneman, Erica Ninneman, Laura Grace Ninneman, Brittany Smith, Lauren Vallo, Ryan Vallo, and the art classes of Holy Angels School, Dayton)

Printed in the United States of America.

ISBN 0-15-950463-5

10 9 8 7 6 5 4 3

Celebrar nuestra fe

La Reconciliación
Guía para la enseñanza

Capítulo 1

Capítulo 2

Capítulo 3

Capítulo 4

Capítulo 5

Capítulo 6

Recursos para la enseñanza

Celebrar nuestra fe

Cuadro panorámico del programa

Celebrar nuestra fe ofrece un nuevo método para preparar a los niños para los sacramentos. Siguiendo el modelo inicial del catecismo, *Celebrar nuestra fe*

- comienza con la experiencia que tengan los niños de su vida.
- invita a los niños a compartir nuestra historia cristiana en las Escrituras.
- provee una vista "detallada" y una explicación viva de los momentos litúrgicos claves de las celebraciones sacramentales.
- ofrece oportunidades para reflexionar, aplicar y celebrar en oración el contenido del capítulo.

Aunque la preparación de los niños para los sacramentos tiene menos que ver con la comunicación formal de la doctrina que con el recibimiento de los niños a la vida sacramental de la comunidad, los materiales de *Celebrar nuestra fe* se han preparado siguiendo fielmente el *Catecismo de la Iglesia Católica*.

Los materiales de *Celebrar nuestra fe* incluyen íntimamente a las familias en la preparación de los niños para los sacramentos y reconocen la importancia de la familia. Éstas son oportunidades llenas de gracias para catequizar tanto a los adultos como a los niños. Los materiales y las actividades del programa también facilitan la participación y el apoyo de toda la comunidad parroquial.

Los materiales de preparación sacramental no tienen la intención de sustituir la educación religiosa continua de los niños y adolescentes. Sin embargo, los materiales de *Celebrar nuestra fe* se han diseñado para complementar tanto el programa básico de religión de BROWN-ROA *Walking by Faith* como otros materiales religiosos educativos de otras casas editoriales.

ADAPTACIONES DE LA EDAD

Celebrar nuestra fe: La Eucaristía y *Celebrar nuestra fe: La Reconciliación* están diseñados para usarse con niños del segundo al cuarto grados.

- Con niños de grados primarios, se anima al catequista a leer el texto en voz alta o resumirlo en sus propias palabras. Los niños de seis o siete años de edad necesitarán más ayuda con el vocabulario religioso que los niños mayores. Pero recuerde que los niños no tienen una comprensión madura de los conceptos difíciles de la fe. Con los años, ellos comprenderán el lenguaje de la fe.
- Cuando trabaje con niños de ocho, nueve, diez años o mayores, quizás quiera facilitar otros recursos, como libros y vídeos, para complementar el texto. Vea la sección *Conexión con la biblioteca* de las páginas

de planificación de cada capítulo de la Guía para la enseñanza para obtener sugerencias.
- Los niños del tercer grado y grados más avanzados a menudo se preparan para celebrar tanto el Bautismo y/o la Confirmación como la Primera Comunión. Para obtener sugerencias de cómo prepararse para estos sacramentos, vea *Celebrar otros sacramentos* en la Guía para la enseñanza de la Reconciliación y *Preparar a los niños para la Confirmación y la Primera Comunión* en la Guía para la enseñanza de la Eucaristía.

Componentes del programa
Celebrar nuestra fe
La Reconciliación

Libro del estudiante
- Un libro para niños animado y lleno de colorido tanto para la escuela como para la parroquia.
- Seis capítulos de 8 páginas de contenido basados en el rito penitencial.
- La estructura de los capítulos se deriva del proceso catequista:

  Somos invitados: conecta el tema del capítulo con la experiencia del niño.

  Recordamos: relata una historia de las Escrituras relacionada con el tema.

  Celebramos: explora la expresión litúrgica del tema.

  Vivimos la Reconciliación: ayuda a los niños a aplicar el contenido del capítulo y celebrarlo con una oración.
- El contenido se presenta tanto verbal como visualmente.
- La sección de *Preguntamos* expresa la fundación doctrinal del *Catecismo de la Iglesia Católica* en forma de preguntas que se hacen comúnmente y respuestas para que las compartan los niños y sus familias.
- Entre otros libros para el estudiante se encuentran:

  Oraciones católicas: texto de oraciones comunes para niños.

  Nuestra guía moral: las Bienaventuranzas, los mandamientos, los preceptos de la Iglesia, las obras de caridad, más un examen de conciencia.

  Celebrar el sacramento de la Reconciliación: un repaso de los pasos en la celebración comunitaria y la individual del rito penitencial.

  Glosario ilustrado: fotografías y descripciones de pueblos, lugares y objetos asociados con el sacramento de la Reconciliación.

Nota: El libro del estudiante está disponible en inglés o en una edición bilingüe en español/inglés.

Guía para la enseñanza
- Una sola Guía para la enseñanza para la escuela y la parroquia.
- Presenta páginas reducidas a color del libro del estudiante con un plan para la lección en el margen.
- Incluye páginas de planificación completa para cada sesión del capítulo.
- Los recursos para la enseñanza al final del libro incluyen:

  Ejercicios y actividades: libretos reproducibles, servicios con oración y actividades.

  Retiro familiar para la Primera Reconciliación: todo lo que se necesita para planear, llevar a cabo y evaluar un retiro para los candidatos y sus familias.

  Páginas para la preparación familiar: planes de lecciones reproducibles que pueden usar los familiares mayores que preparan a los niños para los sacramentos en la casa o en grupos del vecindario.

  Celebrar otros sacramentos: notas para la preparación de los niños para la preparación de los sacramentos de iniciación.

Nota: La Guía para la enseñanza está disponible en inglés o en español. La versión en español contiene páginas del libro bilingüe del estudiante.

Páginas para compartir
- Diseñadas para conectar la experiencia catequista con el hogar y la familia.
- Cada capítulo tiene una Página para compartir.
- Cada Página para compartir contiene:

  Nota para la familia: resume el contenido del capítulo.

  Vivir la Reconciliación: sugerencias para actividades familiares para ampliar y realzar la experiencia catequista.

  Oración familiar: ejemplos de oraciones para la familia.
- El frente de cada Página para compartir contiene un símbolo sacramental a color conectado con el contenido del capítulo.

Nota: Las Páginas para compartir están disponibles en inglés, español, polaco o tagalo.

Mi libro de la Reconciliación
- Un folleto de 16 páginas a 2 colores que contiene las oraciones y las acciones del rito penitencial (tanto para las celebraciones comunitarias como para las individuales).
- Ilustrado con dibujos lineales de momentos litúrgicos importantes para que los niños coloreen.
- Permite que los niños repasen las oraciones y acciones asociadas con los movimientos del rito penitencial.
- Una portada dura y muy colorida para que los niños puedan seguir usándolo en posteriores celebraciones de sacramentos.

Nota: *Mi libro de la Reconciliación* está disponible en inglés o español.

Celebrating Reconciliation with Children
Seis segmentos de vídeo de 5 minutos para usar en la casa o en el salón de clases.

Celebrating Reconciliation with Families
Dos segmentos de vídeo de 40 minutos para usar en reuniones, retiros o en la casa.

Música de *Celebrating Our Faith*
Una colección de canciones de GIA, distribuida por BROWN-ROA, apropiada para realzar la oración y la liturgia (disponible en CD o cinta).

Celebrar nuestra fe
La Eucaristía

Libro del estudiante

- Un libro para niños animado y lleno de colorido tanto para la escuela como para la parroquia.
- Ocho capítulos de 8 páginas de contenido basados en el orden de la misa.
- La estructura de los capítulos se deriva del proceso catequista:

  Somos invitados: conecta el tema del capítulo con la experiencia del niño.

  Recordamos: relata una historia de las Escrituras relacionada con el tema.

  Celebramos: explora la expresión litúrgica del tema.

  Vivimos la Eucaristía: ayuda a los niños a aplicar el contenido del capítulo y celebrarlo con una oración.

- El contenido se presenta tanto verbal como visualmente.
- La sección de *Preguntamos* expresa la fundación doctrinal del *Catecismo de la Iglesia Católica* en forma de preguntas que se hacen comúnmente y respuestas para que las compartan los niños y sus familias.
- Entre otros libros para el estudiante se encuentran:

  Oraciones católicas: texto de oraciones comunes para niños.

  La vida de Jesús: resumen de sucesos claves en la vida de Cristo.

  La sagrada Comunión: un repaso de las reglas de la Iglesia para recibir la sagrada Comunión y los pasos para recibir la Comunión de ambas formas.

  Glosario ilustrado de la misa: fotografías y descripciones de pueblos, lugares y objetos asociados con la liturgia de la Eucaristía.

Nota: El libro del estudiantes está disponible en inglés o en una edición bilingüe en español/inglés.

Guía para la enseñanza

- Una sola Guía para la enseñanza para la escuela y la parroquia.
- Presenta páginas reducidas a color del libro del estudiante con un plan para la lección en el margen.
- Incluye páginas de planificación completa para cada sesión del capítulo.
- Los recursos para la enseñanza al final del libro incluyen:

  Ejercicios y actividades: libretos reproducibles, servicios con oración y actividades.

  Retiro familiar para la Primera Comunión: todo lo que se necesita para planear, llevar a cabo y evaluar un retiro para los candidatos y sus familias.

  Páginas para la preparación familiar: planes de lecciones reproducibles que pueden usar los familiares mayores que preparan a los niños para los sacramentos en la casa o en grupos del vecindario.

  Preparación para la Confirmación y la Primera Comunión: notas sobre el cumplimiento de la iniciación de los niños.

Nota: La Guía para la enseñanza está disponible en inglés o en español. La versión en español contiene páginas del libro bilingüe del estudiante.

Páginas para compartir

- Diseñadas para conectar la experiencia catequista con el hogar y la familia.
- Cada capítulo tiene una Página para compartir.
- Cada Página para compartir contiene:

  Nota para la familia: resume el contenido del capítulo.

  Vivir la Eucaristía: sugerencias para actividades familiares para ampliar y realzar la experiencia catequista.

  Oración familiar: ejemplos de oraciones para la familia.

- El frente de cada Página para compartir contiene un símbolo sacramental a color conectado con el contenido del capítulo.

Nota: Las Páginas para compartir están disponibles en inglés, español, polaco o tagalo.

Mi libro de la misa

- Un folleto de 16 páginas a 2 colores que contiene las oraciones y las acciones de la misa.
- Ilustrado con dibujos lineales de momentos litúrgicos importantes para que los niños coloreen.
- Permite que los niños repasen las oraciones y acciones asociadas con la misa.
- Una portada dura y muy colorida para que los niños puedan seguir usándolo en la misa después de su Primera Comunión.

Nota: *Mi libro de la misa* está disponible en inglés o español.

Celebrating Eucharist with Children
Ocho segmentos de vídeo de 5 minutos para usar en la casa o en el salón de clases.

Celebrating Eucharist with Families
Dos segmentos de vídeo de 40 minutos para usar en reuniones, retiros o en la casa.

Música de *Celebrating Our Faith*
Una colección de canciones de GIA, distribuida por BROWN-ROA, apropiada para realzar la oración y la liturgia (disponible en CD o cinta).

Campo y ciclo de estudios

Celebrar nuestra fe
La Reconciliación

	Tema clave	Historia de las Escrituras	Conexión litúrgica	Referencia catequista en *Preguntamos*
Capítulo 1 Pertenecemos				
	Los sacramentos de iniciación nos hacen parte de la Iglesia.	Pablo comparte la historia de la salvación *(Hechos de los apóstoles 17, 16–34)*	Bautismo, Confirmación y Eucaristía	*Catecismo, #1229–1233*
Capítulo 2 Celebramos el amor de Dios				
	El sacramento de Reconciliación perdona los pecados cometidos después del Bautismo.	El padre que perdona *(San Lucas 15, 11–32)*	Dos maneras de celebrar la Reconciliación	*Catecismo, #1855–1857*
Capítulo 3 Oímos buenas noticias				
	La palabra de Dios en las Escrituras nos recuerda la misericordia y el perdón de Dios.	La oveja descarriada *(San Lucas 15, 1–7)*	Recibir y compartir las Escrituras en el rito penitencial	*Catecismo, #104, 1349*
Capítulo 4 Consideramos nuestras vidas				
	Examinamos nuestra conciencia para prepararnos para la confesión.	Los Diez Mandamientos, el Mandamiento Nuevo *(San Lucas 10, 25–28)*	El examen de conciencia	*Catecismo, #1777, 1783*
Capítulo 5 Pedimos perdón				
	Confesamos nuestros pecados y aceptamos la penitencia.	Zaqueo *(San Lucas 19, 1–10)*	La confesión sacramental y la penitencia	*Catecismo, #1455–1456, 1467*
Capítulo 6 Salimos perdonados y en paz				
	Rezamos un Acto de Contrición y se nos absuelve.	La mujer perdonada *(San Lucas 7, 36–50)*	El Acto de Contrición, la absolución y la despedida en el rito penitencial	*Catecismo, #1469*

Campo y ciclo de estudios
Celebrar nuestra fe
La Eucaristía

	Tema clave	Historia de las Escrituras	Conexión litúrgica	Referencia catequista en *Preguntamos*
Capítulo 1 Pertenecer				
	Los sacramentos de iniciación nos hacen parte de la Iglesia.	Pablo predica durante Pentecostés *(Hechos de los apóstoles 2)*	Bautismo y Confirmación	*Catecismo, #1213*
Capítulo 2 Invitados a la mesa				
	La Eucaristía es un Sacramento de iniciación.	La vid y los sarmientos *(San Juan 15, 1–17)*	Primera Comunión	*Catecismo, #1388*
Capítulo 3 Reunirse para celebrar				
	Nos reunimos en la misa para celebrar la Eucaristía.	Los primeros cristianos se reúnen para la Eucaristía *(Hechos de los apóstoles 2, 42–47)*	Los ritos iniciales de la misa	*Catecismo, #2180–2182*
Capítulo 4 Deleitarse con la palabra de Dios				
	Compartimos la palabra de Dios en la misa.	El buen pastor *(San Juan 10, 1–18)*	La Liturgia de la palabra	*Catecismo, #101–104*
Capítulo 5 Ofrecer nuestros dones				
	Ofrecemos a Dios nuestros dones en la misa.	Panes y pescado *(San Juan 6, 5–13)*	La presentación de los dones	*Catecismo, #1366–1368*
Capítulo 6 Recordar y dar gracias				
	La misa hace presente el sacrificio de Jesús.	La Última Cena *(San Mateo 26, 17–19, 26–28)*	La Oración eucarística	*Catecismo, #1333*
Capítulo 7 Compartir el pan de vida				
	Recibimos a Jesús en la sagrada Comunión.	El pan de vida *(San Juan 6, 30–58)*	El rito de la Comunión en la misa	*Catecismo, #1384–1389*
Capítulo 8 Ir a amar y a servir				
	Tenemos la misión de compartir el amor de Dios con los demás.	El viaje a Emaús *(San Lucas 24, 13–35)*	El rito de despedida de la misa	*Catecismo, #1402–1405*

Cómo usar la Guía para la enseñanza

Esta Guía para la enseñanza se creó para ayudarlo en la preparación de los niños para celebrar los sacramentos. Cualquiera que sea su nivel de experiencia catequista, Ud. se dará cuenta que esta Guía para la enseñanza será su mejor aliado al desempeñar su labor. Ninguna guía didáctica o libro del estudiante, por muy amplio que sea, podrá reemplazar el toque personal del catequista. Ud., con su experiencia, su fe, su compromiso, es el mejor regalo que puede hacerle a la preparación sacramental.

La preparación sacramental es una travesía mutua, una peregrinación común llevada a cabo por los niños, los catequistas, las familias y la comunidad parroquial. En dicha travesía, se le anima a adaptar las estrategias y sugerencias de la Guía para la enseñanza para satisfacer las necesidades de su comunidad catequista.

Para asistir a los familiares que van a preparar en la casa a sus niños para los sacramentos, vea las Páginas de preparación para la familia (páginas F1–F13). Estas páginas contienen planes para las lecciones reproducibles para la casa o para grupos de preparación en un vecindario.

Preparación para la enseñanza

Antes de cada capítulo en esta Guía para la enseñanza, se encuentran dos páginas de planificación. Estas páginas lo ayudan a planear la lección, organizar los materiales, prepararse espiritualmente y ubicar cualquier otro recurso que necesite.

Antes de enseñar cada capítulo:
- Repase las páginas de planificación.
- Lea las páginas de planificación de las lecciones del capítulo.
- Anote los pasos que seguirá y las actividades opcionales que hará.
- Consiga cualquier material que necesite.
- Revise los recursos adicionales.

Esto es lo que hallará en las páginas de planificación de cada capítulo.

Cuadro de planificación

El cuadro de planificación provee un bosquejo simple y fácil de seguir del capítulo. Cada capítulo se centra en una sesión de cuatro partes, que corresponden a las páginas de *Somos invitados*, *Recordamos*, *Celebramos* y *Vivimos* del libro del estudiante. Una sección del cuadro titulada *Guía de duración*, provee sugerencias para determinar el tiempo necesario para la sesión, con espacio para que Ud. escriba el tiempo que Ud. decida. El cuadro de planificación también enumera los objetivos de cada parte del capítulo e indica cualquier material necesario o cualquier otro recurso del programa.

Antecedentes del catecismo

Esta sección de las páginas de planificación provee una reflexión breve de la fundación doctrinal del capítulo, conectada con la referencia del Catecismo en la parte de *Preguntamos* del libro del estudiante. Se le incita a leer los pasajes correspondientes del *Catecismo de la Iglesia Católica* para que amplíe su comprensión.

Retiro de un minuto

Esta parte le da una manera de prepararse espiritualmente para enseñar el capítulo. Una cita estimulante enfoca el tema del capítulo. Las preguntas de reflexión lo ayudan a observar el tema del capítulo basado en su propia experiencia. Por último, una breve oración invita a Dios a estar presente con Ud. cuando enseña a los niños.

Conexión con la biblioteca

Esta sección de las páginas de planificación ofrece sugerencias de otros recursos conectados con el tema del capítulo, incluidos:

Libros para niños Éstos pueden leerse a los niños o asignarse para leer en casa. Están disponibles en las bibliotecas o a través de catálogos de casas editoriales.

Libros para adultos Estos recursos son para los catequistas y los familiares adultos. Se encuentran en las bibliotecas o a través de catálogos de casas editoriales. **Nota:** *Catholic Update*, una circular de un solo tema publicada por St. Anthony Messenger Press, ofrece muchos ejemplares útiles anteriores de temas sacramentales. Éstas se pueden ordenar a precios al mayor de la casa editorial.

Multimedia para niños Esta sección enumera vídeos y música disponibles en catálogos o en la parte audiovisual de las bibliotecas de la diócesis o la parroquia. Los recursos para niños se pueden compartir en la clase o se pueden prestar a las familias para compartir en la casa.

Multimedia para adultos Esta sección enumera vídeos, cintas grabadas y software disponibles en catálogos o en la parte audiovisual de las bibliotecas de la diócesis o la parroquia. Los recursos para adultos realzan la comprensión de los catequistas y los miembros adultos de la familia.

Cómo enseñar el capítulo

Plan de la lección

Las páginas de planificación de las lecciones de esta Guía para la enseñanza le muestran el capítulo con un proceso simple y fácil de seguir. Cada página de planificación de la lección consiste en una versión reducida a todo color de la página del libro del estudiante con el plan de la lección en el margen. Al lado de la página del libro del estudiante, hallará el plan básico de la lección. Éstos son los pasos que seguirá para comunicar el contenido del capítulo.

Debajo de la página del libro del estudiante, hallará el Centro de recursos, que contiene información de trasfondo, conexiones, sugerencias y otras actividades de enriquecimiento.

Plan básico de la lección

Cada capítulo está diseñado para enseñarse en una sesión. El plan de la lección del capítulo está dividido en tres pasos simples:

1. **Introducción:** estrategias para introducir el contenido del capítulo.
2. **Desarrollo:** estrategias para desarrollar el contenido del capítulo.
3. **Cierre:** estrategias para aplicar el contenido del capítulo y finalizar la sesión con una oración.

Éstas son algunas de las partes de la columna del plan básico de la lección:

Reunión Sugerencias para invitar a los niños en la sesión y conectar el contenido del capítulo con la vida diaria.

Oración Sugerencias para rezar la oración de entrada y celebrar la oración de despedida de la sesión.

Qué hacer con el texto Instrucciones didácticas para explorar las palabras de la página. Estos pasos simples incluyen sugerencias para la lectura en voz alta, trabajar con el vocabulario y dirigir la conversación.

Qué hacer con los dibujos Instrucciones didácticas para explorar las fotografías e ilustraciones de la página. Gran parte del contenido del programa *Celebrar nuestra fe se* comunica visualmente y estos pasos lo ayudan a guiar a los niños a comprender lo que ven.

Qué hacer con la página Sugerencias para llevar a cabo las actividades del texto y las celebraciones de la oración.

Preguntamos Sugerencias para trabajar con esta parte del texto, en la cual se hace una pregunta común relacionada con el tema del capítulo y se provee la respuesta. Ofrece una referencia de trasfondo del *Catecismo de la Iglesia Católica.*

Vivir la Reconciliación en la casa Sugerencias para actividades de seguimiento para hacer con la familia.

Vivir la Reconciliación en la parroquia Sugerencias para actividades de seguimiento relacionadas con la comunidad litúrgica, incluido el uso de *Mi libro de la Reconciliación.*

Prepararse para la Primera Reconciliación Preguntas para comentar destinadas a ayudar a los niños a integrar el contenido del capítulo en su preparación personal para el sacramento.

El Centro de recursos

Esta sección contiene ejercicios de trasfondo y actividades opcionales para ampliar y realzar la parte básica de la lección. Los ejercicios incluyen:

Antecedentes (del arte, de las Escrituras y catequistas) Proveen información clave donde se tenga que usar, para profundizar su propia comprensión y la de los niños.

El lenguaje de la fe Introduce y desarrolla la comprensión de los niños del vocabulario religioso clave, con definiciones basadas en el *Catecismo de la Iglesia Católica.*

Conexión multicultural Ofrece información y actividades opcionales para explorar la diversidad global de la Iglesia.

Conexión con la familia, Conexión con la comunidad religiosa, Conexión con la liturgia Proveen sugerencias para la conexión entre la clase y el hogar, la parroquia y la vida litúrgica de la comunidad.

Satisfacer las necesidades individuales Ofrece estrategias para adaptar las situaciones didácticas a los diferentes estilos de aprendizaje de los niños.

Sugerencia para la enseñanza Provee sugerencias para el manejo de la clase, la clarificación de conceptos, el manejo de temas delicados y contestar preguntas.

También se provee espacio para que Ud. escriba sus propias notas al principio y al final de cada capítulo.

Mi Primera Reconciliación

Cuando distribuya por primera vez los libros de los estudiantes (en la primera clase o en una reunión preliminar con la familia o en un retiro), ayude a los niños a llenar esta página. Diga a los niños que al firmar la página, le están pidiendo a toda la comunidad parroquial que los ayuden a prepararse para la Primera Reconciliación. Firme su nombre en la casilla en cada libro de sus estudiantes y dígales que les pidan a sus familiares, padrinos, compañeros de oración y compañeros de clase que también firmen.

Mi Primera Reconciliación

Celebraré
el sacramento de la Reconciliación
por primera vez
el

_____
(fecha)

en

_____.
(nombre de la iglesia)

Le pido a mi familia, mis padrinos,
mi maestro, mis compañeros de clase, mis amigos
y toda la comunidad parroquial
que me ayuden a prepararme para esta celebración.

_____
(firma)

Éstas son las firmas de las personas que me ayudan
a prepararme para mi Primera Reconciliación.

Centro de recursos

Conexión con la comunidad religiosa

Trabaje con ministros parroquiales y feligreses interesados para asignar a cada niño un compañero de oración. Éstos pueden ser niños de más edad, familiares, adolescentes o personas mayores de la parroquia. Los compañeros de oración se comprometen a rezar con los niños que se les han asignado durante la preparación sacramental de los mismos. En toda esta Guía para la enseñanza, hallará sugerencias para actividades que los niños pueden compartir con sus compañeros de oración. Los niños no deben ser acompañados por adultos sin el permiso de la familia y deben ser supervisados cuando se reúnan con los compañeros de oración.

Una bendición de iniciación

"¡El Señor es misericordioso! Es bondadoso y paciente, y su amor no falla nunca."

—Salmos 103, 8

Líder: Hoy nos reunimos para comenzar el viaje hacia la Primera Reconciliación.
Estamos dispuestos a aprender unos de otros y de la comunidad de nuestra Iglesia.
Y así oramos:
Padre nuestro, muéstranos tu misericordia y tu amor.
Jesús, Hijo de Dios, líbranos del poder del pecado.
Espíritu Santo, ayúdanos a madurar en el amor, la justicia y la paz.

Lector: Escuchen el mensaje que nos dio Dios:
(Lean Efesios 2, 4–10.)
Palabra de Dios.

Todos: **Te alabamos, Señor.**

Líder: Pedimos la bendición de Dios en este viaje.

Todos: **Santísima Trinidad, vive en nuestros corazones.**
Enséñanos a amar y a perdonar.
Ayúdanos a volver hacia Ti con verdadero arrepentimiento por nuestros
pecados, y a tener fe en tu misericordia eterna.
Oramos con las palabras que nos enseñó Jesús.
(Recen el Padrenuestro.)

Líder: Que Dios esté con nosotros, ahora y siempre.

Todos: **¡Amén!**

Una bendición de iniciación

Use este breve servicio de oración para comenzar la preparación sacramental. Quizás Ud. quiera incorporar este servicio en su primera sesión o dejarlo para una reunión familiar antes de comenzar las sesiones. Si es posible, celebre el servicio en la iglesia parroquial. Invite a las familias, los padrinos y otros feligreses interesados para que se reúnan con Uds.

- Para prepararse para el servicio de oración, elija a un lector (un niño o familiar) y dele una Biblia abierta en *Efesios 2, 4–10*. Señale la parte del servicio en la cual ocurre la lectura.

- Reúna a los niños y a otros participantes. Quizás Ud. quiera tocar algún instrumento musical o cantar una de las canciones que aprenderán los niños para la Primera Reconciliación.

- Desempeñe la parte de *Líder*. Invite a los niños y a otros que estén presentes a seguirlo y responder las partes indicadas con *Todos*.

- Quizás Ud. quiera incluir un gesto de bendición (tradicionalmente, poner las manos en la cabeza de la persona o hacerle la Señal de la Cruz) para acompañar la bendición final. Si los familiares asisten al servicio, ellos también pudieran bendecir a los niños.

Sugerencia para la enseñanza

Celebrar este servicio de oración   Quizás Ud. quiera incorporar este servicio de oración en el retiro familiar para la Primera Reconciliación (vea la página R1). Si Ud. prepara a los niños para celebrar otros sacramentos, vea la página S1.

Capítulo 1
Pertenecemos

Resumen del contenido clave

Pertenecemos a la Iglesia Católica. Nos convertimos en miembros de la Iglesia Católica por medio de los sacramentos de iniciación: Bautismo, Confirmación y Eucaristía.

Planificación el capítulo

Introducción	Guía de duración *Tiempo sugerido/Su tiempo*	Contenido	Objetivos	Materiales
	10–20 min/ _____ min	**Somos invitados,** págs. 6–7	• Reconocer la importancia de pertenecer a una comunidad y a la Iglesia.	• música para rezar (opcional)

Desarrollo				
	35–45 min/ _____ min	**Recordamos,** págs. 8–9	• Recordar los sucesos salvadores del misterio pascual: la vida, la muerte y la resurrección de Jesús.	• mapamundi o globo terráqueo
		Celebramos, págs. 10–11	• Identificar los Sacramentos de iniciación como la manera en que nos convertimos en miembros de la Iglesia Católica. • Describir los signos y las palabras de los sacramentos del Bautismo, la Confirmación y la Eucaristía.	

Cierre				
	15 min/ _____ min	**Vivimos la Reconciliación,** págs. 12–13	• Celebrar que pertenecemos a la Iglesia.	• materiales para escribir o dibujar • Capítulo 1 *Página para compartir* • música para rezar (opcional) • materiales para escribir, papel cuadriculado (opcional)

Antecedentes del catecismo

Fundación doctrinal Los sacramentos de iniciación: Bautismo, Confirmación y Eucaristía, nos hacen miembros de la Iglesia. Nuestra iniciación en el misterio pascual de la muerte y resurrección de Cristo está incompleta hasta que celebramos los tres sacramentos. En los primeros siglos de la iglesia, los sacramentos de iniciación se celebraban todos

Ver *Catecismo de la Iglesia Católica, #1229–1233.*

al mismo tiempo, al igual que se hace hoy en día en el rito de iniciación cristiana para adultos y en algunas comunidades orientales y latinas. De acuerdo con la experiencia de la mayoría de los católicos latinos, la Confirmación se ha separado del Bautismo y a menudo se celebra años después de la Primera Comunión. Pero cuando sea que se celebren los sacramentos de iniciación, forman una unidad que comienza con el nacimiento nuevo del Bautismo, continúa con la unción del Espíritu Santo en la Confirmación hasta que llegamos a compartir el Cuerpo y la Sangre de Cristo en la mesa de la Eucaristía. "Todos nosotros somos bautizados en un mismo Espíritu para componer un solo cuerpo." *(1 Corintios 12, 13)*

Retiro de un minuto

Leer

La cristiandad es más que una doctrina. Es el mismo Cristo que vive en los que ha reunido con Él en un cuerpo místico."

—*Thomas Merton*

Reflexionar

¿Qué significa ser cristiano? ¿Cómo demuestro que soy miembro del cuerpo de Cristo?

Orar

Jesús,
Tú me has hecho parte de tu propio cuerpo
en agua y Espíritu
y en el pan y vino sagrados de la Eucaristía.
Ayúdame a guiar a los niños
a comprender más ampliamente su vida cristiana
y su misión de compartir tu amor.
Amén.

Conexión con la biblioteca

Libros para niños

The Best Day Ever: The Story of Jesus por Marilyn Lashbrook (Liguori).

La vida salvadora, muerte y resurrección de Jesús relatada por niños.

God Speaks to Us in Feeding Stories por Gail Ramshaw (Liturgical Press).

Historias de las Escrituras con temas de comida para que los niños exploren la conexión entre la palabra de Dios y la Eucaristía.

God Speaks to Us in Water Stories por Mary Ann Getty-Sullivan (Liturgical Press).

Historias de las Escrituras con temas de agua para que los niños exploren los símbolos del Bautismo.

Libros para adultos

El Bautismo por Joseph Martos (Liguori).
La Confirmación por Joseph Martos (Liguori).
La Eucaristía por Joseph Martos (Liguori).

Introducciones a los tres sacramentos de iniciación.

La Iglesia Católica: ¿Quiénes somos? por Corinne Hart y Jeanne Pieper (St. Anthony Messenger Press).

Reflexiones sobre la identidad católica.
"What Catholics Believe: A Popular Overview of Catholic Teaching" por Leonard Foley OFM (*Catholic Update*; St. Anthony Messenger Press).

Multimedia para niños

Celebrating Our Faith (CD) (producido por GIA; BROWN-ROA).

Una o más canciones de esta colección se pueden usar para realzar la oración y liturgia en el salón de clases.

Celebrating Reconciliation with Children (serie de vídeos de 6 partes) (producido por Salt River Production group; BROWN-ROA).

Segment 1: We Belong está diseñado para usarse con este capítulo.

The Sacraments for Children: An Introduction to the Sacraments for Middle-Grade Children (vídeo) (Liguori).

Los siete sacramentos y cómo ase relacionan.

Multimedia para adultos

What Makes Us Catholic? Discovering Our Catholic Identity (vídeo) (Franciscan Communications/St. Anthony Messenger Press).

Las creencias y costumbres que comparten los católicos.

Somos invitados
1. Introducción

Reunión Dé la bienvenida a clase a los niños y dígales que espera pasar momentos importantes con ellos. Explique que aprenderán más sobre el gran amor de Dios por ellos y cómo la Iglesia celebra el don del perdón de Dios.

Oración Lea en voz alta la oración de entrada invitando a los niños a repetir con Ud. cada línea de la oración. Busque sugerencias de canciones para acompañar la oración de entrada en *Música para rezar*.

Qué hacer con los dibujos

Dirija la atención de los niños a la fotografía de la página 6.
¿Cómo creen que estos niños se relacionan? (Respuestas posibles: Son amigos, compañeros de clase, pertenecen al mismo equipo o club deportivo.)

Qué hacer con el texto

Lea en voz alta el texto. Escriba en el pizarrón la palabra *comunidad*. Use *El lenguaje de la fe* para clarificar el significado de la palabra *comunidad*.
¿Cuáles son algunas de las comunidades a las que pertenecen? (Respuestas posibles: mi familia, mi grupo de amigos, mi clase, mi equipo deportivo.)

Chapter 1
We Belong

Dear God—Father, Son, and Holy Spirit—you have called us to be Christian. Help us always remain close to you. Amen!

Where do you belong?
The people you share important times with and feel at home with are your **community**. Everyone needs to be part of a community. You weren't made to live alone in the world.

Capítulo 1
Pertenecemos

Amado Dios —Padre, Hijo y Espíritu Santo— nos has llamado para ser cristianos. Ayúdanos a permanecer siempre cerca de ti. ¡Amén!

¿A qué perteneces?
Cuando compartes con las personas momentos importantes y te sientes como en tu casa, ellos son tu **comunidad**. Todos necesitamos ser parte de una comunidad porque no fuimos creados para vivir solos en el mundo.

Centro de recursos

El lenguaje de la fe

Una **comunidad** es un grupo de personas que comparte momentos, espacio y que tienen creencias y actividades comunes. Una comunidad cristiana es una comunidad especial porque comparte una creencia común en la Trinidad y la Iglesia. La comunidad católica celebra junta la misa y los sacramentos.

Música para rezar

Considere enseñar a los niños una canción para la Primera Reconciliación basada en el tema de comunidad. Cante la canción antes o después de la oración de entrada. Otras sugerencias musicales para realzar esta oración son: "We Remember", "You Have Put on Christ", o "Sing Out Gladly" del CD de *Celebrating Our Faith*.

Sugerencia para la enseñanza

Cómo manejar temas delicados Tenga en mente que algunos niños en su clase quizás no se sienten que pertenecen a ningún grupo o comunidad o pueden sentirse incómodos en una situación de grupo. Asegure a los niños que pertenecen a esta comunidad escolar. Exprese su agradecimiento y respeto por cada niño.

Tu familia es una comunidad al igual que tu grupo de amigos. También perteneces a otra comunidad importante. Perteneces a la Iglesia **Católica**.

Tu comunidad católica se reúne para alabar a Dios en la misa. Celebran juntos los **sacramentos**. Aprendes sobre Dios con otros niños católicos.

Quizás no lo sepas, pero tu comunidad católica es mucho más grande que las personas que ves en la iglesia los domingos. La Iglesia es una familia tan grande como el mundo entero.

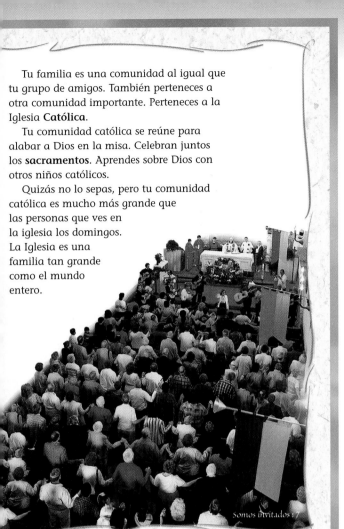

Somos invitados : 7

Your family is a community. So is your group of friends. You belong to another important community, too. You belong to the **Catholic** Church.

Your Catholic community comes together to worship God at Mass. You celebrate the **sacraments** together. With other Catholic children you learn about God.

You may not know it, but your Catholic community is much bigger than the people you see at church on Sunday. The Church is a family as big as the whole world.

Somos invitados
Introducción *continuación*
Qué hacer con el texto

- Escriba en el pizarrón las palabras *Iglesia Católica*. Subraye *Católica*.
- Lea en voz alta el texto. Luego, escriba la palabra *sacramentos* en el pizarrón debajo de *Iglesia Católica*. **¿Cómo la comunidad católica alaba a Dios?** (celebrando la misa) **¿Qué más celebra la comunidad católica?** (los sacramentos)
- Enfatice que la comunidad católica se puede hallar en todos los países del mundo.

Qué hacer con los dibujos

Pida a los niños que miren la fotografía de esta página. **¿Qué tipo de comunidad ven en esta fotografía?** (una comunidad eclesiástica) **¿Qué hacen?** (Rezan el Padrenuestro en la misa.) **¿Cómo saben que son una comunidad?** (Respuestas posibles: comparten un momento especial; todos se toman de las manos; todos alaban a Dios.)

El lenguaje de la fe

- La Iglesia **Católica** es una iglesia abierta a todas las personas. La palabra *católica* significa "universal" o "en todas partes". La Iglesia Católica invita a la gente de cualquier raza, país y cultura a ser miembros y alabar a Dios mediante la liturgia y los sacramentos.
- Los **sacramentos** son celebraciones, signos y recursos de la gracia de Dios. Jesús se une a la comunidad en palabras y acciones especiales en los sacramentos. La Iglesia Católica celebra siete sacramentos.

Notas

_____

_____

_____

_____

_____

_____

Recordamos
2. Desarrollo

Qué hacer con los dibujos

- Invite a los niños a estudiar la ilustración de la página 8. Invite a voluntarios a describir lo que ven.

- Invite a voluntarios a especular sobre lo que trata la historia.

Qué hacer con el texto

- Invite a los niños a ponerse cómodos para compartir la historia de las Escrituras.

- Explíqueles que es una historia sobre San Pablo, un hombre que no conocía a Jesús en persona, pero que se convirtió en uno de los mejores amigos y apóstoles de Jesús.

- Diga a los niños que esta historia se lleva a cabo en Atenas, la famosa capital de un país llamado Grecia. Muéstreles la ubicación de Grecia en un mapa o globo terráqueo.

- Lea en voz alta o diga en sus propias palabras la historia de la página 8.
  ¿Por qué San Pablo viajó a Grecia? (para hablarle a la gente sobre Jesús)
  ¿A quién adoraba la gente de Grecia? (a muchos dioses)

We Are God's Children

Saint Paul traveled to Greece to tell people about Jesus. In the city of Athens, Paul stood up in the marketplace.

"People of Athens!" Paul said. "I see that you worship many gods. Well, today I am going to tell you about the one true God so that you can come to know him."

Somos los hijos de Dios

San Pablo viajó a Grecia para contarles a las personas sobre Jesús. En la ciudad de Atenas, Pablo se paró en el mercado.

¡Pueblo de Atenas! —dijo Pablo—. Veo que adoran a muchos dioses. Bueno, hoy les contaré sobre el único Dios verdadero para que puedan conocerlo.

8 : Recordamos

Centro de recursos

Antecedentes de las Escrituras

El viaje misionero de Pablo a Atenas, Grecia, el centro cultural del mundo conocido, sucedió a fines de su vida misionera y casi por accidente. Después de haber sido expulsado de Berea, una ciudad de Macedonia, Pablo esperaba en Atenas que llegaran sus compañeros misioneros y se unieran a él en su peregrinaje a Conrinto, otra ciudad ciudad griega. Al estar en Atenas, Pablo encontró a personas que ya eran religiosas, pero que no alababan al verdadero y único Dios. Pablo trató de explicar que las imágenes y los ídolos que adoraban no tenían poderes. En cambio, todo el poder descansaba con Dios el Padre quien resucitó a Jesús, su único Hijo, llevando la redención a toda la humanidad. Los Hechos de los apóstoles nos dicen que muchas personas escucharon las enseñanzas de Pablo y se convirtieron en cristianos, otros lo ridiculizaron y otros lo invitaron a regresar otro día a su ciudad para que les contara más sobre este verdadero y único Dios.

Antecedentes del arte

La ilustración de la página 8 representa el sermón fervoroso de Pablo al pueblo de Atenas. El mercado era un área muy grande rodeada casi en su totalidad de columnatas, algunas se pueden ver al fondo de esta ilustración. Reunirse en el mercado para oír a los maestros, líderes religiosos y filósofos importantes era una práctica común.

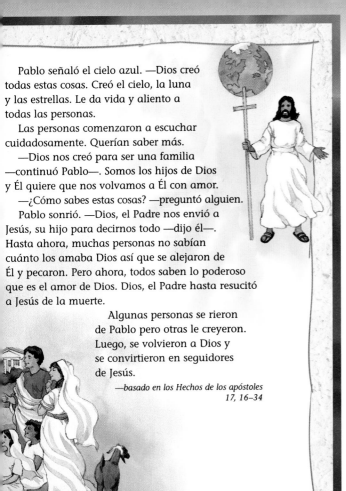

Pablo señaló el cielo azul. —Dios creó todas estas cosas. Creó el cielo, la luna y las estrellas. Le da vida y aliento a todas las personas.

Las personas comenzaron a escuchar cuidadosamente. Querían saber más.

—Dios nos creó para ser una familia —continuó Pablo—. Somos los hijos de Dios y Él quiere que nos volvamos a Él con amor.

—¿Cómo sabes estas cosas? —preguntó alguien.

Pablo sonrió. —Dios, el Padre nos envió a Jesús, su hijo para decirnos todo —dijo él—. Hasta ahora, muchas personas no sabían cuánto los amaba Dios así que se alejaron de Él y pecaron. Pero ahora, todos saben lo poderoso que es el amor de Dios. Dios, el Padre hasta resucitó a Jesús de la muerte.

Algunas personas se rieron de Pablo pero otras le creyeron. Luego, se volvieron a Dios y se convirtieron en seguidores de Jesús.

—*basado en los Hechos de los apóstoles 17, 16–34*

Recordamos : 9

Paul pointed to the blue sky. "God made all things. He made the sun and the moon and the stars. He gives life and breath to every person."

People began to listen closely. They wanted to know more.

"God made us all to be one family," Paul continued. "We are God's children, and he wants each of us to turn to him with love."

"How do you know these things?" someone asked.

Paul smiled. "God the Father sent his own Son, Jesus, to tell us all," he said. "Until now many people didn't know how much God loved them, so they turned away from him and sinned. But now everyone knows how strong God's love is. God the Father even raised Jesus from death!"

Some people laughed at Paul. But others believed him. They turned to God and became followers of Jesus.

—*based on Acts 17:16–34*

We Remember : 9

Recordamos
Desarrollo *continuación*
Qué hacer con el texto

- Continúe leyendo o narrando la historia de las Escrituras. **¿A quién le dijo Pablo al pueblo que pertenecíamos?** (a Dios y al prójimo) **¿Cómo sabía Pablo esto?** (porque Dios envió a Jesús para decirnos) **¿Cómo reaccionó el pueblo a lo que Pablo le decía sobre el verdadero y único Dios?** (Algunas personas se rieron y otras le creyeron y se convirtieron en seguidores de Jesús.)

- Señale a los niños que Pablo creía firmemente en Dios, el Padre, y en Jesús, el Hijo de Dios. **¿Por qué piensan que Pablo quería que los demás creyeran como él?** (Pablo estaba convencido de que Dios lo amaba a él y a los demás profundamente y que él quería compartir las buenas noticias del amor de Dios con los demás.)

Qué hacer con los dibujos

Dirija la atención a la ilustración de Jesús al comienzo de esta página. Ayude a los niños a reconocer ésta como una ilustración de Jesús resucitando de entre los muertos. Invite a voluntarios a describir otras cosas que vean en el dibujo. **¿Cómo muestra este dibujo el amor de Dios por nosotros?** (Jesús resucitó de entre los muertos para salvarnos del poder del pecado y la muerte eterna cuando nos alejamos de Dios; la Tierra es un símbolo para todo el mundo creado para nosotros por amor.)

Antecedentes del arte

El arte de las Escrituras al comienzo de esta página representa a Jesús resucitado sosteniendo en su mano una cruz, un símbolo de su victoria sobre el pecado y la muerte. La Tierra que se muestra detrás de Él simboliza al mundo entero creado y que se mantiene por el amor de Dios. La ilustración resume el mensaje de Pablo al pueblo de Atenas: que por su amor profundo, Dios creó todo bien, incluidos nosotros mismos. Dios, el Padre, envió a su propio Hijo, Jesús, para mostrarnos lo profundo de su amor.

Sugerencia para la enseñanza

Clarificar los conceptos Quizás los niños pregunten por qué las personas en la historia de las Escrituras adoraban a muchos dioses. Explique que la mayoría de las personas en los días de Jesús y Pablo no comprendía mucho del mundo y su creación como en la actualidad. En esos tiempos, era común creer que diferentes dioses controlaban cosas diferentes de la creación. Por ejemplo, muchas personas creían que el dios del sol controlaba el sol y que otro dios cuidaba de los animales. Un Dios que había creado todo y que nos amaba a todos y a lo que había creado era una idea nueva para ellos. Aún así, Pablo respetaba sus creencias y nunca se reía o burlaba de ellos.

Celebramos
Desarrollo *continuación*

Qué hacer con el texto

- Escriba en el pizarrón las palabras *Bautismo e Iniciación.* Invite a voluntarios a describir lo que significan estas palabras.

- Lea en voz alta el texto de esta página. Señale que el Bautismo es el primer sacramento que celebramos porque nos hace miembros de la Iglesia y nos introduce en la vida de Dios.

- Use *El lenguaje de la fe* para profundizar la comprensión de los niños de las palabras en negritas.

Qué hacer con los dibujos

- Dirija la atención a la fotografía grande al final de la página. **¿Qué sucede en la fotografía?** (Un sacerdote bautiza con agua al niño.)

- Diga a los niños que el sacerdote usa estas palabras cuando bautiza: "Yo te bautizo en el nombre del Padre, del Hijo y del Espíritu Santo".

- Diga a los niños que la fotografía pequeña de la página muestra el sacramento de Confirmación. La Confirmación es otro sacramento de iniciación. En esta fotografía, el obispo sostiene sus manos sobre la cabeza de la niña en un gesto antiguo llamado "la imposición de manos" por medio del cual la persona es sellada con el don del Espíritu Santo.

Sacraments of Initiation

Like the people who listened to Saint Paul, we became members of the Church by being baptized. In the Sacrament of **Baptism**, we become part of the Body of Christ.

But there is more to becoming a member of the Catholic community than being baptized. Baptism is the first of three Sacraments of Initiation. The word **initiation** means "becoming a member."

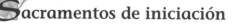

Sacramentos de iniciación

Al igual que la gente que escuchó a San Pablo, nosotros nos convertimos en miembros de la Iglesia al ser bautizados. En el sacramento del **Bautismo** nos convertimos en parte del Cuerpo de Cristo.

Pero convertirnos en miembros de la comunidad católica es más que ser bautizados. El Bautismo es el primero de los tres sacramentos de iniciación. La palabra **iniciación** significa "convertirse en miembro".

10 : Celebramos

Centro de recursos

El lenguaje de la fe

- El sacramento del **Bautismo** siempre es el primer sacramento de iniciación que se celebra. Mediante este sacramento, miembros nuevos comparten el misterio pascual de nuestra fe, el sufrimiento, la muerte y la resurrección de Jesús y su ascensión a la gloria. La palabra *bautismo* significa "baño". El agua es uno de los símbolos del Bautismo. Nos lavan para borrarnos el pecado original y todo pecado personal.

- **Iniciación** es el término que usa la Iglesia para describir el proceso por el que las personas que desean unirse a la Iglesia se convierten en miembros. Iniciarse significa "ser presentado a la comunidad". La Iglesia tiene tres sacramentos de iniciación, cada uno hace que la persona sea un miembro más completo.

Conexión con la liturgia

En momentos especiales del año litúrgico, como la temporada de Pascua, los ritos iniciales de la misa a veces incluyen la renovación de los votos del Bautismo y el rocío con agua bendita como un recuerdo de nuestro Bautismo. Este rito toma el lugar del rito y los actos de penitencia como un recuerdo de lo que creemos como cristianos bautizados y cómo esas creencias nos llaman a vivir nuestras vidas.

La **Confirmación** es el segundo sacramento de iniciación. En la Confirmación recibimos al Espíritu Santo de una manera especial. Nos unimos aún más a la comunidad eclesiástica.

El tercer sacramento de iniciación es la **Eucaristía**. Por supuesto, celebramos la Eucaristía cada domingo al participar en la misa. Pero cuando recibimos a Jesús en la sagrada Comunión por primera vez, completamos nuestra iniciación. La Primera Comunión nos hace, con pleno derecho, miembros de la Iglesia porque nos une con Jesús y con los demás, totalmente.

Preguntamos
¿Por qué no siempre se celebran los sacramentos de iniciación al mismo tiempo?

A los primeros cristianos los bautizaban, confirmaban y recibían la eucaristía al mismo tiempo. Lo mismo le sucede hoy en día a muchos adultos y a niños en edad escolar y a infantes en los ritos de la Iglesia oriental. En el rito latino, los católicos bautizados siendo infantes por lo general reciben la Primera Comunión a la edad de siete años y pueden celebrar la Confirmación después.
(Catecismo, #1229–1233)

Celebramos : 11

Confirmation is the second Sacrament of Initiation. In Confirmation we receive the Holy Spirit in a special way. We are joined even more closely to the Church community.

The third Sacrament of Initiation is the **Eucharist**. Of course, we celebrate the Eucharist every Sunday by taking part in the Mass. But when we receive Jesus in Holy Communion for the first time, we complete our initiation. First Communion makes us fully members of the Church because it joins us completely with Jesus and with one another.

We Ask
Why aren't the three Sacraments of Initiation always celebrated at the same time?

Early Christians were baptized, confirmed, and received into Eucharistic communion all at once. The same is true today for many adults and children of school age and for infants in the Eastern Rites of the Church. In the Latin Rite, Catholics baptized as infants usually receive First Communion around the age of seven and may celebrate Confirmation at that time or some time later.
(Catechism, #1229–1233)

We Celebrate : 11

Celebramos
Desarrollo *continuación*

Qué hacer con el texto

- Lea en voz alta o resuma el texto de esta página.
- Use *El lenguaje de la fe* para clarificar el significado de las palabras en negritas.
- Ayude a los niños a reflexionar sobre lo que han aprendido dando unos pocos minutos para comentar el texto.
  ¿Cuál es el segundo sacramento de iniciación? (la Confirmación)
  ¿A quién recibimos de una manera especial en la Confirmación? (al Espíritu Santo)
  ¿Qué sacramento de iniciación podemos recibir una y otra vez? (la Eucaristía)

Preguntamos Invite a un voluntario a leer en voz alta la pregunta. Luego, lea la respuesta a los niños haciendo pausas para asegurarse de que comprenden cada oración. Explique el orden en el que se celebran, por lo general, los sacramentos de iniciación en su parroquia o diócesis. Recuerde a los niños que compartan esta pregunta y respuesta con sus familiares y compañeros de oración.

El lenguaje de la fe

- El sacramento de la **Confirmación** es el sacramento que nos sella con el Espíritu Santo y completa el Bautismo. Una vez que estamos sellados y confirmados en el Espíritu Santo, nos hacemos más fuertes para presenciar a Cristo resucitado y participar más en la vida y misión de la Iglesia.

- El sacramento de la **Eucaristía** es un sacramento que estamos invitados a celebrar a menudo durante nuestras vidas. Cada vez que recibimos a Jesús en la Eucaristía nos unimos más a Él y a los demás. La Eucaristía es la presencia real de Jesús con su pueblo.

Antecedentes catequistas

No se puede esperar que los niños de esta edad comprendan completamente la importancia o el significado de los sacramentos de iniciación ni como experiencias sacramentales individuales ni como una unidad. Por ahora, es suficiente proveer a los niños con las bases para desarrollar una comprensión del proceso de iniciación de la Iglesia. A medida que los niños crecen y se hacen adultos, también crecerán en su comprensión del misterio pascual en el que todos los católicos son bautizados, confirmados y llevados a la mesa del Señor.

Vivimos la Reconciliación
3. Cierre

Qué hacer con la página

- Lea en voz alta las instrucciones. Asegúrese de que los niños comprenden que pueden dibujar o pegar una fotografía de su Bautismo en el espacio al final del certificado de esta página.

- Asigne la actividad como un proyecto para la casa ya que éste requiere información que el niño necesitará obtener con la ayuda de un familiar.

- Tome tiempo en una clase posterior para que los niños compartan sus trabajos.

Vivir la Reconciliación en la casa

Sugiera estas actividades de seguimiento.

- Con sus familias, renueven sus votos bautismales rezando el Credo de los Apóstoles o el Credo Niceno. Luego, hagan la Señal de la Cruz con agua bendita.

- Hagan un árbol familiar de los sacramentos. Para cada familiar, enumeren los sacramentos que ha celebrado y las fechas (o años) en que los celebraron.

Vivir la Reconciliación en la parroquia

Pida a los niños que completen estas actividades en la clase o la casa con familiares o compañeros de oración.

- Practiquen hacer la Señal de la Cruz despacio y reverentemente.

- Hallen maneras en las que su comunidad parroquial usa la cruz como un símbolo: en arte eclesiástico, como joya o como adhesivos para autos.

Prepararse para la Primera Reconciliación

Pida a los niños que trabajen en grupos pequeños para comentar esta pregunta.

Pronto celebrarán el sacramento de Reconciliación por primera vez. ¿Cómo los sacramentos de iniciación los ayudan a vivir una vida piadosa y de servicio bondadoso a los demás?

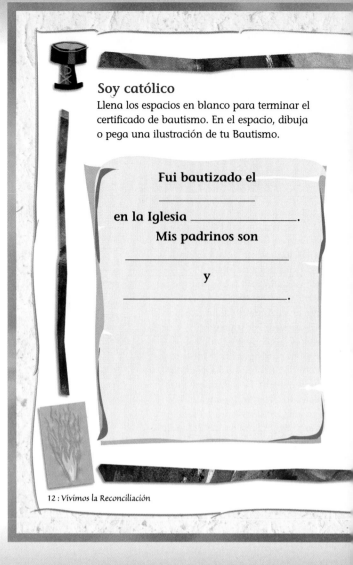

I Am a Catholic
Fill in the blanks to finish the baptismal certificate. In the space, draw or glue a picture of your Baptism.

I was baptized on

_____

at _____ Church.

My godparents are

_____

and

_____ .

Soy católico
Llena los espacios en blanco para terminar el certificado de bautismo. En el espacio, dibuja o pega una ilustración de tu Bautismo.

Fui bautizado el

_____

en la Iglesia _____ .

Mis padrinos son

_____

y

_____ .

12 : Vivimos la Reconciliación

Centro de recursos

Conexión con la familia

Distribuya la *Página para compartir* del Capítulo 1 para llevar a la casa. Estimule a los niños a llevar sus libros a la casa para compartir con sus familiares.

Hijos de una familia

Damos gracias a Dios por hacernos miembros de una familia por medio de los sacramentos de iniciación.

Dios, nuestro Padre amado,
porque nos amas
nos enviaste a Jesús, tu Hijo,
para llevarnos a ti
y para reunirnos a tu alrededor
como los hijos de una familia.

¡Hosanna en el cielo!

Jesús llegó para enseñarnos
cómo te podríamos amar, Padre,
amándonos unos a otros.
Llegó para borrar el pecado y el odio
que nos alejan de la amistad
y nos hacen infelices.

¡Hosanna en el cielo!

Él prometió enviar al Espíritu Santo
para que siempre esté con nosotros
para que así podamos vivir como
tus hijos.

¡Hosanna en el cielo!

—*basado en la Oración eucarística para niños II*

Vivimos la Reconciliación : 13

Children of One Family

We thank God for making us members of one family through the Sacraments of Initiation.

God, our loving Father,
because you love us,
you sent Jesus, your Son,
to bring us to you
and to gather us around
him
as the children of one
family.

Hosanna in the highest!

Jesus came to show us
how we could love you,
Father,
by loving one another.
He came to take away sin
and hate,
which keeps us from being
friends,
and which makes us all
unhappy.

Hosanna in the highest!

He promised to send the
Holy Spirit,
to be with us always
so that we can live as your
children.

Hosanna in the highest!

—*based on Eucharistic Prayer II
for Children*

We Live Reconciliation : 13

Vivimos la Reconciliación
Cierre *continuación*

Qué hacer con la página

- Pase un rato con los niños repasando este capítulo. Pida a voluntarios que comenten sus partes o fotografías favoritas de la lección.

- Dirija la atención de los niños a los símbolos que forman el borde de la página. Invite a voluntarios a explicar la conexión entre estos símbolos y el tema del capítulo. (La fuente bautismal y la llama del Espíritu Santo son símbolos de los sacramentos de iniciación.)

- Pida a los niños que lleven sus libros al lugar de oración del salón de clases o a la iglesia. Reúnanse alrededor de una mesa o la fuente bautismal. Si es posible, pida a las familias de los niños y los compañeros de oración que se unan a la oración.

Oración Enseñe a los niños el responsorio de la oración de esta página: "¡Hosanna en el cielo!" **¿Dónde más han escuchado rezar esta oración?** (en la misa)

Diga a los niños que ésta también es la oración de alabanza que el pueblo anunció mientras Jesús entraba en Jerusalén antes de su muerte. Dirija a los niños en la oración comenzando y terminando con la Señal de la Cruz. Busque sugerencias de canciones para acompañar esta oración de cierre en *Música para rezar*.

Música para rezar

Para realzar la celebración de la oración, quizás desee pedirles a los niños que canten música de "Santo, Santo, Santo es el Señor" que se usa en su parroquia o quizás quiera elegir una canción del CD de *Celebrating Our Faith*.

Enriquecimiento

Escribir una epístola de la clase Diga a los niños que otro nombre para las cartas que Pablo y otros discípulos de Jesús escribieron a las primeras comunidades cristianas es *epístolas*. Ayude a la clase a escribir una epístola contando las buenas noticias del verdadero y único Dios a otra clase de niños en su programa de educación religioso de la parroquia.

Notas

Capítulo 2
Celebramos el amor de Dios

Resumen del contenido clave

El Bautismo perdona el pecado original y todos los pecados personales. Pero por voluntad propia, podemos decidir pecar. El sacramento de la Reconciliación celebra la misericordia y el perdón infinitos de Dios.

Planificación del capítulo

Introducción	Guía de duración *Tiempo sugerido/Su tiempo*	Contenido	Objetivos	Materiales
	10–20 min/ _____ min	Somos invitados, págs. 14–15	• Reconocer que pecamos y necesitamos pedir perdón.	• música para rezar (opcional)

Desarrollo				
	35–45 min/ _____ min	Recordamos, págs. 16–17	• Recordar una de las parábolas de Jesús acerca de la misericordia y el perdón de Dios.	• copias del libreto de las páginas HA3–HA4, disfraces sencillos y adornos (opcional)
		Celebramos, págs. 18–19	• Identificar el sacramento de la Reconciliación como la manera en que celebramos el perdón de los pecados. • Describir dos maneras de celebrar el sacramento de la Reconciliación.	

Cierre				
	15 min/ _____ min	Vivimos la Reconciliación, págs. 20–21	• Celebrar el amor y la misericordia de Dios en nuestras vidas.	• materiales para escribir o dibujar • *Mi libro de la Reconciliación* • Capítulo 2 *Página para compartir* • música para rezar (opcional)

Antecedentes del catecismo

Fundación doctrinal Ser consciente de que se ha pecado es el impulso principal de la contrición y la reconciliación. Al igual que el hijo pródigo, "recobramos la calma" y reconocemos cuánto nos hemos alejado de la casa de nuestro Padre. El pecado mortal y el venial se diferencian en el nivel de gravedad, pero todo pecado personal tiene la misma raíz: alejarse del amor de Dios hacia nosotros. Luego decidimos, por amor propio, que nosotros somos mejores que eso. El sacramento de la Reconciliación es tanto un recordatorio como una celebración de la verdad maravillosa que Jesús compartió en la parábola; cuando reconocemos nuestros pecados y pedimos perdón, Dios nos da más de eso. "¡El Señor es misericordioso! Él es compasivo y paciente y su amor nunca falla." *(Salmos 103, 8)*

Ver *Catecismo de la Iglesia Católica, #1855–1857.*

Retiro de un minuto

Leer

"La Reconciliación suena como un gran término teológico, pero simplemente significa que recobramos la calma, surgimos y nos dirigimos a nuestro Padre."

—*John Oman*

Reflexionar

¿Cuándo he experimentado una verdadera reconciliación en mi vida?

¿Quiénes son las personas que me enseñan el amor misericordioso de Dios?

Orar

Padre misericordioso,
aun cuando me alejo de tu amor,
Tú vas a encontrarme en el camino hacia tu casa.
Mantenme siempre abierto a tu perdón y
    misericordia
y ayúdame a mostrar a los niños
el camino hacia la casa de tu amor constante.
Amén.

Conexión con la biblioteca

Libros para niños

Pedimos Perdón: Libro de Reconciliación para Niños (St. Anthony Messenger Press).
    Una introducción para niños del rito de penitencia.

The Story of the Lost Son por Tama M. Montgomery (Ideals Children's Books).
    La parábola del hijo pródigo narrada para niños.

Libros para adultos

La Penitencia por Joseph Martos (Liguori).
    Una introducción al sacramento de la Reconciliación.

The Reconciling Community: The Rite of Penance por James Dallen (Liturgical Press).
    Un examen de los adelantos en la teología y práctica sacramentales.

Your Child's First Confession: Preparing for the Sacrament of Reconciliation (Ligouri).
    Una introducción al sacramento para los padres y familias.

Multimedia para niños

Celebrating Our Faith (CD) (producido por GIA; BROWN-ROA).
    Se puede usar una o varias canciones de esta colección para realzar la oración y la liturgia del salón de clases.

Celebrating Reconciliation with Children (serie de vídeos de 8 partes) (producido por Salt River Production group; BROWN-ROA).
    Segment 2: We Celebrate God's Love está diseñado para usarse con este capítulo.

The Parable of the Prodigal Son (vídeo) (producido por Twenty-Third Publications; BROWN-ROA).
    Una dramatización de la gran parábola misericordiosa de Dios.

Multimedia para adultos

Celebrating Reconciliation with Families (serie de vídeo de 2 partes) (producido por Salt River Production Group; BROWN-ROA).
    El Padre Joe Kempf ayuda a los padres a reflexionar en el significado del sacramento.

Perdón y Paz (vídeo) (Franciscan Communications/ St. Anthony Messenger Press).
The Prodigal (vídeo) (una producción de Robert Blaskey; BROWN-ROA).
    Dos narraciones modernas de la parábola del hijo pródigo.

Somos invitados
1. Introducción

Reunión Invite a los niños a pensar en algún momento en que hayan hecho algo malo o herido a alguien. Pídales que tengan esa experiencia en mente mientras dicen juntos la oración de entrada.

Oración Digan juntos la oración de entrada. Para sugerencias de canciones para acompañar esta oración, vea *Música para rezar*.

Qué hacer con los dibujos

Dirija la atención a la fotografía de esta página.

¿Qué creen que pudo haber sucedido para que estas dos hermanas se pelearan?
(Acepte todas las respuestas razonables.)

¿Qué pueden hacer las niñas para hacer las paces?
(Respuestas posibles: Pueden decir que están arrepentidas; pueden pedir perdón; pueden darse un abrazo y seguir jugando.)

Qué hacer con el texto

• Lea el texto en voz alta.

• Invite a voluntarios a contestar la pregunta del texto en el fondo de esta página. (Respuestas posibles: Pudiera perder a mis amigos; estaría solo; estaría triste siempre.)

Chapter 2
We Celebrate God's Love

Dear God—Father, Son, and Holy Spirit—you are always ready to welcome us back. Help us turn to you with love and faithfulness. Amen!

Even in the most loving families, people do not always act lovingly. Even best friends sometimes hurt each other.

You know what it is like to do something wrong or hurt someone else. And you know what it is like to feel sorry and want to make up.

What if you never got a second chance?

Capítulo 2
Celebramos el amor de Dios

Amado Dios —Padre, Hijo y Espíritu Santo— siempre estás listo para recibirnos de nuevo. Ayúdanos a regresar a ti con amor y fidelidad. ¡Amén!

Las personas no siempre actúan afectuosamente aún en las familias más amorosas. Algunas veces, hasta los mejores amigos, se hieren entre sí.

Sabes lo que es hacer algo malo o herir a alguien y sabes lo que es sentirse arrepentido y querer conciliarse.

¿Qué sucedería si nunca te dieran otra oportunidad?

Centro de recursos

Música para rezar

Si los niños aprenden una canción de la Primera Reconciliación con el tema del amor misericordioso de Dios, cántenla antes o después de la oración de entrada. Otras sugerencias para realizar esta oración son "A Means of Your Peace", "Dona Nobis Pacem" o "I Want to Walk as a Child of Light" del CD *Celebrating Our Faith*.

Sugerencia para la enseñanza

Cómo manejar temas delicados El tema del perdón puede ser difícil para aquellos niños que han sido ofendidos por alguien en quien confiaban o a quien amaban. Enfatice que el perdón y la reconciliación no siempre son tareas fáciles. Necesitamos la ayuda del Espíritu Santo para poder perdonar a aquéllos que nos han lastimado gravemente. Aun cuando no podamos perdonar a alguien porque el dolor causado sea muy grande, Dios nunca dejará de amarnos y siempre estará listo para perdonarnos.

Casi siempre los familiares y amigos se perdonan unos a otros y eso es algo bueno. Ellos se **reconcilian** o vuelven a reunirse en paz.

Cuando nosotros **pecamos** hacemos cosas que hieren nuestra relación con Dios y con los demás. Necesitamos una forma de decir que lo sentimos y que queremos mejorar. Necesitamos pedir perdón. Queremos una segunda oportunidad.

Dios siempre nos ama y siempre nos ofrece perdón. Aceptamos el perdón de Dios, cuando nos arrepentimos de nuestros pecados. Celebramos la misericordia de Dios en el sacramento de **Reconciliación**.

Somos invitados : 15

It's a good thing that family members and friends almost always forgive one another. They **reconcile**, or come back together in peace.

When we **sin**, we do things that hurt our relationship with God and with others. We need a way to say we are sorry and that we want to do better. We need to ask forgiveness. We want a second chance.

God always loves us. God always offers us forgiveness. We accept God's forgiveness when we are sorry for our sins. We celebrate God's mercy in the Sacrament of **Reconciliation**.

Somos invitados
Introducción *continuación*
Qué hacer con el texto

- Escriba las palabras *reconciliar*, *pecado* y *sacramento de la Reconciliación* en el pizarrón. Subraye *Reconciliación*. Diga a los niños que éstas son palabras importantes que debemos conocer cuando estamos arrepentidos y queremos que nos den otra oportunidad. Use *El lenguaje de la fe* para clarificar el significado de los términos en negritas.

- Lea en voz alta o resuma el texto de esta página. Señale que el perdón de Dios siempre está disponible cuando lo pidamos. **¿Cómo llamamos la manera especial en que la Iglesia celebra el perdón de Dios?** (el sacramento de la Reconciliación)

Qué hacer con los dibujos

- Dirija la atención a la fotografía de esta página. Invite a voluntarios a describir lo que ven en ella.

- Ayúdelos a comprender que la niña de la foto celebra el sacramento de la Reconciliación. El sacerdote celebra el sacramento con ella. Él representa a Jesús y ofrece el perdón de Dios.

- Explique que el sacerdote señala la Biblia abierta porque probablemente le ha leído a la niña, que celebra la Reconciliación, una historia sobre el perdón de Dios. Cuando oímos la palabra de Dios en las Escrituras, nos aseguramos de que Dios está esperando para bañarnos con su misericordia.

El lenguaje de la fe

- **Reconcilian** significa perdonarse mutuamente y estar en paz. Cuando nos reconciliamos con Dios y con los demás, decidimos volver a ser amigos. Estamos dispuestos a reparar lo que causó que nos separáramos.

- Cuando **pecamos** nos alejamos de Dios y decidimos por cuenta propia hacer mal. También podemos pecar cuando decidimos no hacer bien.

- El sacramento de la **Reconciliación** es la manera especial en que la Iglesia nos ayuda a acercarnos de nuevo a Dios y a los demás después de haber pecado. Este sacramento celebra el perdón de Dios y renueva nuestra amistad con Él.

Notas

Recordamos
2. Desarrollo

Qué hacer con el texto

- Invite a los niños a ponerse cómodos para compartir la historia de las Escrituras.

- Lea en voz alta o repita la primera parte de la historia que está en esta página. Use un tono de voz animado para que los niños se imaginen lo que sucede en la historia.

- Después de leer o repetir la primera parte de la historia, coméntela con los niños.
¿Qué esperaba el hijo de su padre? (lo que le correspondía del dinero de su padre)
¿Qué hizo el hijo con todo el dinero que le dio su padre? (Lo gastó todo en diversiones.)
¿Qué hizo que el hijo se diera cuenta del error que había cometido? (Los puercos que cuidaba comían mejor que él.)
¿Qué decidió hacer el hijo? (Regresar a la casa y decirle a su padre que estaba arrepentido.)

Qué hacer con los dibujos

Pida a los niños que señalen el dibujo pequeño en el fondo de esta página. Invite a voluntarios a describir lo que ven.
¿Cómo creen que se sintieron los padres del muchacho al verlo que se iba? (Respuestas posibles: tristes, decepcionados, temían por él, confundidos.)

The Forgiving Father

Jesus told this story to explain the happiness that forgiveness brings.

A man had two sons. The younger son went to his father and said, "Someday everything you have will belong to my brother and me. I want my share now." So the father gave the younger son a lot of money.

The son moved to a faraway city. He spent all his money partying. Soon the son was poor, hungry, and homeless.

The only job the son could get was taking care of a farmer's pigs. He slept in the smelly barn. "These pigs have better food than I do," the son thought. "I should go home. Maybe if I tell my father how sorry I am, he'll let me work as one of his servants."

El Padre que perdona

Jesús contó esta historia para explicar la felicidad que conlleva el perdón.

Un hombre tenía dos hijos. El hijo menor le dijo a su padre: —Algún día todo lo que tienes nos pertenecerá a mí y a mi hermano. Quiero mi parte ahora—. Así que el padre le dio al hijo menor bastante dinero.

El hijo se fue a una ciudad lejana. Gastó todo el dinero en diversiones. Pronto estaba pobre, hambriento y desamparado.

El único trabajo que podía conseguir era cuidando los puercos de una granja. Dormía en el corral hediondo. "Estos puercos se alimentan mejor que yo", pensaba el hijo. "Debo ir a casa. Quizás si le digo a mi padre lo arrepentido que estoy me permita trabajar como uno de sus criados".

16 : Recordamos

Centro de recursos

Antecedentes de las Escrituras

El título *El Padre que perdona* reemplaza el título y el énfasis anteriores del *Hijo pródigo*, una de las parábolas más conocidas de Jesús. La mayoría de los eruditos de las Escrituras de hoy día interpretan la parábola como la historia de un padre: un padre que es generoso, que espera, que corre para encontrar a su hijo, que perdona y que celebra lo que había perdido. Diseñada para enseñar la misericordia y el perdón infinitos e inmerecidos de Dios para todos los pecadores, la parábola cambia lo que se espera del padre en la historia.

Antecedentes del arte

- La pequeña ilustración representa los padres del muchacho al emprender su viaje. Esta parte de la parábola refleja el don de voluntad propia concedido por Dios. Con éste, podemos decidir libremente amar a Dios o darle la espalda a Él y a nuestra herencia.

- La ilustración del muchacho con los puercos nos recuerda hasta qué punto se había rebajado el muchacho. Para los oyentes judíos de Jesús, trabajar con los puercos (cuya carne se consideraba impura desde el punto de vista religioso), era el peor trabajo posible; según la religión, también hacía impura a la persona que lo hacía.

Así que el hijo partió para su casa. Mientras estaba todavía en el camino, el hijo vio a su padre corriendo hacia él con sus brazos abiertos. El hijo se arrodilló a sus pies. —Perdóname padre —dijo él—. Soy un pecador. Te he herido a ti y a toda la familia. Lo siento.

El padre lo abrazó alegremente antes de que el hijo pudiera terminar. —¡Bienvenido a casa, mi hijo! —dijo él—. El padre le dio al hijo ropa nueva y celebró una fiesta para todo el vecindario. —Regocíjense conmigo —les dijo el padre a todos—. ¡Era como si mi hijo estaba muerto y ahora ha resucitado!

—basado en el evangelio de San Lucas 15, 11–32

Recordamos : 17

So the son set out for his home far away. While he was still on the road, the son saw his father running toward him with his arms open. The son fell to his knees. "Forgive me, Father," the son said. "I'm a sinner. I have hurt you and the whole family. I'm so sorry."

Before the son could even finish, the father hugged him joyfully. "Welcome home, my son!" he said. The father gave the son new clothes and threw a party for the whole neighborhood. "Rejoice with me," the father said to everyone. "It was like my son was dead and now he is alive again!"

—based on Luke 15:11–32

We Remember : 17

Recordamos
Desarrollo *continuación*
Qué hacer con el texto

- Continúe leyendo en voz alta o resumiendo el resto de la historia de las Escrituras que se halla en esta página.

- Invite a los niños a reflexionar sobre la historia contestando estas preguntas.
  ¿A quién encontró el hijo corriendo hacia él en el camino? (su padre)
  ¿A quién representa el padre en esta historia? (a Dios el Padre)
  ¿Quién es el hijo en la historia? (nosotros cuando pecamos)
  Como miembros de la Iglesia, ¿cómo celebramos cuando nos arrepentimos y regresamos a Dios? (con el sacramento de la Reconciliación)

Qué hacer con los dibujos

- Invite a los niños a estudiar la ilustración de esta página. Pida a voluntarios que describan lo que ven.
  ¿Qué creen que están diciendo las personas en el fondo? (Respuestas posibles: ¿Cómo es posible que su padre lo perdone? ¿Qué va a pasar ahora? ¿Está el muchacho realmente arrepentido?)

- Señale a los niños que la mayoría de la gente que oía a Jesús no esperaba que la historia terminara de esta manera. El padre en la historia no trató a su hijo de la manera que lo hubiera hecho la mayoría de las personas. Jesús cuenta esta historia de perdón para enseñarnos que Dios tiene el mismo deseo de recibirnos de nuevo en su casa como el padre de la historia.

Antecedentes del arte

La ilustración representa el regreso del hijo a su padre, quien le dio todo lo que pidió. La parábola nos cuenta que el padre detiene a su hijo cuando éste trata de confesar su error y, en su lugar, se apresura para asegurarle que él sigue siendo su hijo. En el fondo, se puede ver a los invitados a la fiesta. ¡Qué confundidos deben haber estado al no presenciar una discusión familiar y cómo desheredaban al hijo que desgració a la familia y siguió el estilo de vida de los gentiles!

Enriquecimiento

Dramatizar la historia de las Escrituras Use o adapte el libreto de las páginas HA3–HA4 para representar la historia. Sugerencias para disfraces sencillos y adornos se pueden hallar en la página HA2.

Celebramos
Desarrollo *continuación*

Qué hacer con el texto

- Lea o resuma el texto de esta página.
- Use *El lenguaje de la fe* para clarificar el significado de las palabras en negritas.
- Enfatice que nosotros pecamos sólo cuando hacemos algo malo a propósito. Los errores y los accidentes nos son pecados porque no lo hacemos a propósito.
- Asegúrese de que los niños comprenden que, al igual que la Eucaristía, el sacramento de la Reconciliación es un sacramento que se celebra a menudo en la vida.

Qué hacer con los dibujos

Dirija la atención a la fotografía de esta página. Explique que ésta es una celebración comunitaria del sacramento, es decir, la manera en que se celebra el sacramento con la comunidad presente. Invite a los niños a mirar cuidadosamente el fondo de la fotografía para que vean a las otras personas que también celebran este sacramento. Luego explique que la niña de la foto está diciéndole al sacerdote sus pecados y el sacerdote la ayuda a evitar cometer pecados en el futuro. Enfatice que esta parte de la celebración siempre se hace en privado.

Our Second Chance

Baptism takes away **original sin** and all personal sin. But because we are human, we are tempted to do what is wrong. We have **free will**, like the son in Jesus' story. We can choose to sin. The Sacrament of Reconciliation gives us a chance to ask God's forgiveness and promise to do better.

Baptism, the first sacrament, is a once-in-a-lifetime sacrament. First Reconciliation is celebrated before First Communion. The Sacrament of Reconciliation can be celebrated at any time, again and again throughout our lives. Reconciliation is necessary in the case of serious sin. It is helpful even in the case of less serious sin.

Nuestra segunda oportunidad

El Bautismo borra el **pecado original** y todos los pecados personales. Pero debido a que somos seres humanos, estamos tentados a hacer lo que está mal. Tenemos **voluntad propia** como el hijo en la historia de Jesús. Podemos decidir pecar. El sacramento de la Reconciliación nos da una oportunidad de pedir perdón a Dios y prometer mejorar.

El Bautismo, el primer sacramento, es un sacramento de una vez en la vida. La Primera Reconciliación se celebra antes de la Primera Comunión. El sacramento de Reconciliación se puede celebrar en cualquier momento, una y otra vez durante nuestras vidas. La Reconciliación es necesaria en el caso de pecados graves. Sirve de ayuda aún en el caso de pecados menos graves.

Centro de recursos

El lenguaje de la fe

- El ***pecado original*** es la condición pecaminosa con la que nacemos. Esta condición proviene de la primera vez en que el ser humano decidió desobedecer a Dios. El Bautismo restaura la relación de la gracia amorosa que se perdió por el pecado original.

- El don de la **voluntad propia** nos permite escoger entre el bien y el mal. Los seres humanos son las únicas criaturas de Dios que poseen este don especial. Dios no nos obliga a amar lo que es bueno, sino que nos da la libertad de decidir por sí mismos.

Sugerencia para la enseñanza

Cómo manejar temas delicados   A veces los niños de esta edad tienen muchas ganas de comentar sus pecados con cualquier persona. Enfatice que aunque todos pecamos de vez en cuando, los pecados de una persona son asuntos privados que no deben hablarse con cualquiera. Asegúreles que, al sacerdote que celebra el sacramento de Reconciliación, no se le permite comentar sus pecados con otra persona, ni siquiera con sus familiares. Por otro lado, si los niños dicen o hacen algo que les molesta y creen que se sentirían mejor hablándolo con alguien, entonces no deben vacilar en hacerlo confidencialmente con un familiar o un adulto de confianza.

Casi siempre celebramos la reconciliación de dos maneras diferentes. En las celebraciones **individuales**, una persona llamada **penitente** se reúne en privado con el sacerdote. En las celebraciones **comunitarias**, se reúnen grupos de personas para orar y escuchar las lecturas de la Biblia. Luego, cada persona habla en privado con un sacerdote.

De cualquier manera que celebremos, el sacerdote no perdona nuestros pecados. Sólo Dios puede perdonar los pecados. El sacerdote actúa en el nombre de Jesús, quien nos muestra el amor clemente de Dios. Al igual que el padre en la historia de Jesús, el sacerdote nos recibe de nuevo al hogar de nuestra comunidad católica.

Preguntamos

¿Qué diferencia hay entre el pecado mortal y el venial?

Los pecados graves se llaman **mortales**, es decir, "que son fatales". Nos alejan de la gracia y la amistad de Dios. Para que un pecado se considere mortal, debe ser algo muy malo, debemos saber que es algo muy malo y tenemos que haber decidido hacerlo de todas maneras. Los pecados **veniales** son menos graves, pero aún así perjudican nuestra relación con Dios y con los demás.

(Catecismo, #1855–1857)

Celebramos : 19

We almost always celebrate Reconciliation in two different ways. In **individual** celebrations a person called a **penitent** meets with a priest in private. In **communal** celebrations groups of people gather to pray and listen to readings from the Bible. Then each person speaks privately with a priest.

Whichever way we celebrate, the priest does not forgive our sins. Only God can forgive sins. The priest acts in the name of Jesus, who shows us God's forgiving love. Like the father in Jesus' story, the priest welcomes us back home to our Catholic community.

We Ask

What is the difference between mortal sin and venial sin?

Serious sin is called **mortal**, or "deadly." It cuts us off from God's grace and friendship. For sin to be mortal, it must be seriously wrong, we must know it is seriously wrong, and we must freely choose to do it anyway. **Venial** sin is less serious, but it still hurts our relationship with God and others.

(Catechism, #1855–1857)

Celebramos
Desarrollo *continuación*
Qué hacer con el texto

- Lea el texto en voz alta. Escriba las palabras *individual* y *comunitaria* en el pizarrón. Use *El lenguaje de la fe* para clarificar el significado de estos dos términos y el término *penitente*.

- Ayude a los niños a comentar el texto con estas preguntas. **¿Quién nos muestra el amor misericordioso de Dios y nos recibe de nuevo en la comunidad católica en el sacramento de la Reconciliación?** (el sacerdote) **¿Quién es el único que puede perdonar los pecados?** (Dios)

Qué hacer con los dibujos

Pida a los niños que miren la fotografía de esta página. **¿Qué nos recuerda la fuente bautismal?** (a nuestro Bautismo) **¿En qué se parece el sacramento de la Reconciliación y el del Bautismo?** (Ambos sacramentos perdonan los pecados.)

Preguntamos Pida a un voluntario que lea la pregunta en voz alta. Luego lea la respuesta en voz alta. Haga una pausa a menudo para asegurarse de que los niños comprenden. Explique a los niños que a su edad es casi imposible que cometan un pecado mortal o grave. No obstante, todo pecado daña nuestra amistad con Dios y con los demás. Cuando estamos arrepentidos, debemos reconciliarnos con Dios y con la persona que hemos herido, tan pronto como sea posible.

El lenguaje de la fe

- *Individual* significa "por sí solo". Cuando celebramos el sacramento de la Reconciliación como individuos, nos acercamos al sacerdote para pedir el perdón de Dios cuando la comunidad no está presente. Las parroquias casi siempre asignan días especiales en la semana o en los fines de semana para la celebración individual de este sacramento.

- El *penitente* es la persona que confiesa los pecados, acepta la penitencia y busca absolución en el sacramento de Reconciliación.

- Las celebraciones *comunitarias* del sacramento de Reconciliación, por lo general, se llevan a cabo en el tiempo de adviento y cuaresma. En estas celebraciones, se reúne la comunidad. Juntos, los miembros de la comunidad rezan, oyen las lecturas de las Escrituras y examinan individualmente su conciencia. En la celebración, confiesan sus pecados a un sacerdote en privado.

Conexión multicultural

Los católicos no son los únicos que practican el perdón y la reconciliación, aunque el sacramento de la Reconciliación tal como lo conocemos, no se practica en la mayoría de las religiones tradicionales. El perdón y la reconciliación son el llamado de Jesús a todos sus seguidores. Como seguidores de Jesús, se les exige a todos los cristianos vivir una vida de perdón y reconciliación. Los judíos apartan un día especial cada año, llamado *Yom Kippur*, para confesar sus pecados a Dios y redimirlos.

Vivimos la Reconciliación
3. Cierre

Qué hacer con la página

- Lea en voz alta las instrucciones. Dé tiempo para que los niños piensen en lo que van a dibujar o escribir en el corazón.

- Provea materiales para escribir o dibujar. Ponga música suave mientras los niños trabajan. También puede asignar esta página como una actividad para la casa.

- Anime a los niños a compartir el trabajo ya terminado ahora o en otra sesión.

Vivir la Reconciliación en la casa

Sugiera esta actividad de seguimiento.

- Pasen unos minutos esta semana con su familia agradeciendo a Dios por sus dones de voluntad propia, perdón y paz. Para terminar el momento de oración, denle la paz a cada familiar.

Vivir la Reconciliación en la parroquia

Distribuya copias de los folletos de *Mi libro de la Reconciliación*, si no lo ha hecho aún. Explique a los niños que van a usar estos folletos durante la preparación para la Primera Reconciliación y que los seguirán usando siempre que celebren este sacramento. Pida a los niños que completen estas actividades en la clase o en la casa con familiares o compañeros de oración.

- Completen la información en la página 1 de *Mi libro de la Reconciliación* y lean y coloreen la página 2.

- Determinen cuándo son las celebraciones de la Reconciliación en la parroquia.

Prepararse para la Primera Reconciliación

Pida a los niños que trabajen en grupos pequeños para comentar esta pregunta.

Cuando hacemos algo por primera vez, nos ponemos nerviosos o nos asustamos. Celebrar la Reconciliación por primera vez puede ser uno de esos casos. ¿Qué pueden hacer para tener presente que ésta es una celebración del perdón de Dios y de paz y que no hay que preocuparse o tener miedo?

Welcome Home

In the heart, draw or write about how it makes you feel to be preparing for your First Reconciliation.

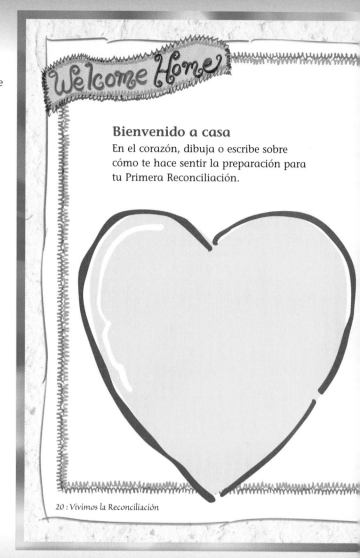

Welcome Home

Bienvenido a casa

En el corazón, dibuja o escribe sobre cómo te hace sentir la preparación para tu Primera Reconciliación.

20 : Vivimos la Reconciliación

20 : We Live Reconciliation

Centro de recursos

Conexión con la familia

Distribuya la *Página para compartir* del Capítulo 2 para que la lleven a la casa. Anime a los niños para que se lleven el libro y los folletos de la Reconciliación a la casa y los compartan con sus familiares.

Conexión con la liturgia

Lleve a los niños a un recorrido del salón de Reconciliación de la iglesia o confesionario. Demuestre las maneras en que se celebra el sacramento individualmente o en comunidad en su parroquia.

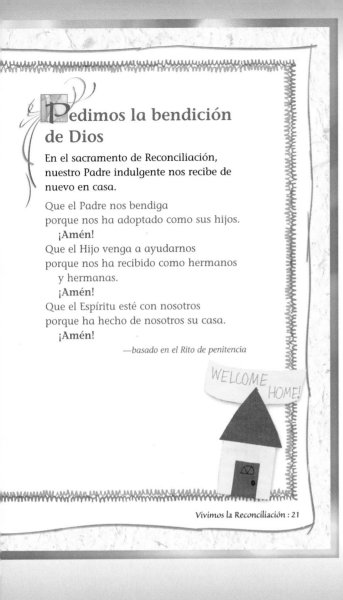

Pedimos la bendición de Dios

En el sacramento de Reconciliación, nuestro Padre indulgente nos recibe de nuevo en casa.

Que el Padre nos bendiga
porque nos ha adoptado como sus hijos.
   ¡Amén!
Que el Hijo venga a ayudarnos
porque nos ha recibido como hermanos
   y hermanas.
   ¡Amén!
Que el Espíritu esté con nosotros
porque ha hecho de nosotros su casa.
   ¡Amén!

—basado en el Rito de penitencia

WELCOME HOME!

Vivimos la Reconciliación : 21

We Ask God's Blessing

In the Sacrament of Reconciliation, we are all welcomed home by our forgiving Father.

May the Father bless us,
for he has adopted us as
   his children.
   Amen!
May the Son come to help
   us,
for he has welcomed us as
   brothers and sisters.
   Amen!
May the Spirit be with us,
for he has made his home
   in us.
   Amen!

—based on the Rite of Penance

We Live Reconciliation : 21

Vivimos la Reconciliación
Cierre *continuación*

Qué hacer con la página

• Pase unos minutos repasando este capítulo con los niños. Pídales que comenten sus partes favoritas de la lección.

• Dirija la atención de los niños a los símbolos que forman el borde de la página. Invite a voluntarios a explicar la conexión entre los símbolos y el tema del capítulo. (Los signos de Welcome Home! *(Bienvenido a casa)* nos recuerdan la historia del Padre que perdona y los símbolos de Reconciliación.)

• Pida a los niños que lleven sus libros al sitio de oración del salón de clases o la iglesia. Reúnanse alrededor de una mesa o en el salón de Reconciliación. Si es posible, pida a las familias o los compañeros de oración de los niños que los acompañen a orar.

Oración Guíe a los niños en la oración, comenzando y terminando con la Señal de la Cruz. Busque sugerencias de canciones para acompañar la oración de cierre en *Música para rezar*.

Música para rezar

Para realzar la celebración de oración, quizás quiera pedir a los niños que canten una escena musical del Amén solemne que se use en la misa de su parroquia. Otras canciones que pudieran acompañar esta oración de cierre son "Rain Down", "You Are Mine" o una canción del CD de *Celebrating Our Faith*.

Notas

Capítulo 3
Oímos buenas noticias

Resumen del contenido clave

Las Esrituras son las buenas noticias que Dios nos ofrece. Cuando leemos y compatimos la palabra de Dios, Dios mismo está con nosotros dándonos misericordia y perdón. Las Escrituras son una parte importante de la celebración de la Reconciliación.

Planificación del capítulo

Introducción	Guía de duración *Tiempo sugerido/Su tiempo*	Contenido	Objetivos	Materiales
	10–20 min/ ____ min	Somos invitados, págs. 22–23	• Reconocer la importancia de compartir las buenas noticias.	• música para rezar (opcional)

Desarrollo				
	35–45 min/ ____ min	Recordamos, págs. 24–25	• Recordar la parábola de Jesús de la oveja descarriada, que ofrece las buenas noticias del perdón de Dios.	• copias del libreto de las páginas HA6–HA7, disfraces sencillos y adornos (opcional)
		Celebramos, págs. 26–27	• Identificar las maneras en que oímos las buenas noticias de Dios en las Escrituras. • Describir el papel de las Escrituras en la celebración de la Reconciliación.	

Cierre				
	15 min/ ____ min	Vivimos la Reconciliación, págs. 28–29	• Celebrar la buena noticia del amor de Dios.	• materiales para escribir • *Mi libro de la Reconcilación* • Capítulo 3 *Página para compartir* • música para rezar (opcional) • cartulina, materiales para escribir o dibujar (opcional)

Antecedentes del catecismo

Fundación doctrinal Hallamos a Dios en las Escrituras. La palabra inspiradora de Dios es una presencia viva en la comunidad cristiana. Esta palabra se comparte en la celebración de cada sacramento. El mensaje de las Escrituras tiene un significado especial en el contexto de la Reconciliación. Cuando reflexionamos en la parabra de Dios, medimos nuestras decisiones comparándolas con el llamado a la santidad. "Tu palabra es una antorcha que da luz a mi senda." *(Salmos 119, 105)* Recordamos la ley del amor. "Señor, de tu amor está llena la Tierra. Enséñame tus estatutos." *(Salmos 119, 64)* Y estamos animados a arrepentirnos ante el Señor, quien es "bondadoso, paciente y siempre amoroso". *(Salmos 145, 8)*

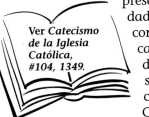

Ver *Catecismo de la Iglesia Católica, #104, 1349.*

Retiro de un minuto

Leer

"La palabra de Dios que recibes por tu oído, se detiene rápido en tu corazón. La palabra de Dios es el alimento del alma."

—*San Gregorio Magno*

Reflexionar

¿Cómo escucho las buenas noticias de Dios en las Escrituras?

¿Cómo pensar en la palabra de Dios me ayuda a evitar el pecado y buscar el perdón?

Orar

Dios bondadoso y misericordioso,
Tú me has dado tu palabra como guía para mi
    viaje.
Ayúdame a compartir la luz del evangelio
con los niños
mientras se preparan para celebrar tu perdón cariñoso
en el sacramento de la Reconciliación.
Amén.

Conexión con la biblioteca

Libros para niños
The Lord Is My Shepherd: The 23rd Psalm por Tasha Tudor (Philomel Books).
    Una versión bellamente ilustrada de este salmo favorito para niños.

The Lost Sheep por Debbie Tafton O'Neal (Judson Press).
    Una narración de la parábola de Jesús sobre la misericordia de Dios.

Libros para adultos
Cómo leer y orar los Evangelios (Liguori).
    Una guía para vivir la palabra de Dios diariamente.

"What the Gospels Say About Conversion" por Ronald D. Witherup SS (*Catholic Update*; St. Anthony Messenger Press).

Multimedia para niños
Celebrating Our Faith (CD) (producido por GIA; BROWN-ROA).
    Una o más canciones de esta colección se pueden usar para realzar la oración y liturgia en el salón de clases.

Celebrating Reconciliation with Children (serie de vídeos de 6 partes) (producido por Salt River Production group; BROWN-ROA).
    Segment 3: We Hear Good News está diseñado para usarse con este capítulo.

"Let the Children Come to Me": The Word of God Alive for Children (vídeo) (Liguori).
    Una introducción de las Escrituras para niños.

The Parable of the Lost Sheep (vídeo) (producido por Twenty-Third Publications; BROWN-ROA).
    Los niños dramatizan la historia de Jesús sobre la misericordia de Dios.

Multimedia para adultos
Liturgy: Becoming the Word of God (audio) (Franciscan Communications).
    La oradora popular Megan McKenna habla sobre cómo vivir la palabra de Dios.

Somos invitados
1. Introducción

Reunión   Invite a los niños a pensar en un momento en el que recibieron buenas noticias. Invite a voluntarios a compartir sus experiencias. Si el tiempo lo permite, comparta una experiencia de buenas noticias que haya tenido.

Oración   Recen la oración de entrada. Busque sugerencias de canciones para acompañar la oración de entrada en *Música para rezar.*

Qué hacer con los dibujos

Pida a los niños que observen cuidadosamente la fotografía de esta página.
   ¿Por qué creen que el premio del primer lugar fue buenas noticias para esta familia?
   (Respuestas posibles: Están felices de que su niño está usando sus talentos; están orgullosos del trabajo del niño; él ha trabajado mucho para ganar este premio.)

Qué hacer con el texto

Lea en voz alta el texto.
   ¿Por qué es divertido compartir buenas noticias?
   (Respuestas posibles: A la gente le hace feliz oír buenas noticias; nos sentimos bien al contar buenas noticias.)

Chapter 3

We Hear Good News

Dear God—Father, Son, and Holy Spirit—you give us the good news of your love. Help us understand your word and live by it. Amen!

What's the best news you have ever heard?
   Maybe you found out you were going to have a brother or sister. Maybe your dog had puppies, or you found out your favorite relative was coming to visit for a week.
   What did you do when you heard the news? Most people want to tell someone else right away. Good news is meant to be shared.

Capítulo 3

Oímos buenas noticias

A mado Dios —Padre, Hijo y Espíritu Santo— que nos das las buenas noticias de tu amor. Ayúdanos a comprender tu palabra y a vivirla. ¡Amén!

¿Cuál es la mejor noticia que jamás hayas oído?
   Quizás te enteraste que ibas a tener un hermano o una hermana. Quizás tu perra tuvo cachorros o te enteraste que tu familiar favorito iba a pasarse una semana contigo.
   ¿Qué hiciste cuando supiste esta noticia? La mayoría de la gente quiere compartir eso con alguien más, enseguida. Las buenas noticias hay que compartirlas.

22 : Somos invitados

Centro de recursos

Música para rezar

Algunas sugerencias para realzar esta oración con música son "Come, Lord Jesus", "Send Us Your Spirit", "Wa Wa Wa Wa Wa Wa Emimimo" o "Shepherd Me, O God" del CD *Celebrating Our Faith.*

Enriquecimiento

Dramatizar   Anime a los niños a representar situaciones en las que las personas oyen buenas noticias. Pídales que trabajen en parejas o grupos pequeños para crear la situación y el diálogo. Dé suficiente tiempo para que las parejas o los grupos representen sus escenas de buenas noticias para la clase.

Notas

_____

_____

_____

_____

_____

God has good news for us. God our Father sent his Son, Jesus, to bring us the good news of his love and forgiveness. We hear this good news whenever we hear or read the words of **Scripture**, found in the Bible.

God's good news is especially important to share when we are feeling sorry for sin. Readings from the Bible are part of our celebration of the Sacrament of Reconciliation. God's good news gives us the hope and courage we need to start again.

Dios nos da buenas noticias. Dios, nuestro Padre, envió a su Hijo, Jesucristo, para que nos diera las buenas noticias de su amor y perdón. Oímos estas buenas noticias siempre que escuchamos o leemos las palabras de las **Sagradas Escrituras**, que se hallan en la Biblia.

Es muy importante compartir las buenas noticias de Dios cuando nos arrepentimos al pecar. Las lecturas de la Biblia son parte de la celebración del sacramento de la Reconciliación. Las buenas noticias de Dios nos dan la esperanza y el coraje que necesitamos para comenzar de nuevo.

Somos invitados : 23

We Are Invited : 23

Somos invitados
Introducción *continuación*

Qué hacer con el texto

- Lea en voz alta o resuma el texto de esta página. Use *El lenguaje de la fe* para clarificar el significado de las palabras en negritas.

- Invite a los niños a comentar el texto.
  ¿Qué buenas noticias tiene Dios para nosotros? (que nos ama y perdona)
  ¿Quién nos trajo esa buena noticia? (Jesús, el Hijo de Dios)
  ¿Cuándo es especialmente importante oír las buenas noticias de Dios? (cuando nos sentimos arrepentidos de haber pecado)

- Enfatice que las buenas noticias de Dios nos pueden llevar esperanza y ánimo para comenzar cuando hemos pecado y nos hemos alejado de Dios.

Qué hacer con los dibujos

- Dirija la atención de los niños a la fotografía del niño celebrando la Reconciliación. ¿Qué creen que están compartiendo el niño y el sacerdote? (Las buenas noticias de Dios que se hallan en las Escrituras.)

- Explique a los niños que algunas veces compartimos las Escrituras cuando celebramos la Reconciliación individual. El sacerdote puede recitar algunos versos de las Escrituras o invitarnos a leer la Biblia. Siempre compartimos las Escrituras cuando celebramos la Reconciliación comunitaria.

El lenguaje de la fe

Las palabras de las ***Sagradas Escrituras*** son las buenas noticias de Dios escritas para nosotros en un libro sagrado llamado la *Biblia*. La palabra *escritura* se deriva de la palabra del latín *scriptus* que significa "escribir". Los católicos creen que Dios nos habla en las Escrituras, cuya inspiración proviene del Espíritu Santo.

Conexión multicultural

Explique a los niños que muchas tradiciones religiosas tienen escritos que se consideran como la palabra de Dios. Todos estos escritos se pueden llamar *escrituras* porque éstas las consideran escritos sagrados. Los judíos comparten casi la mayoría de los libros del Antiguo Testamento que los cristianos consideran sagrados. Los musulmanes llaman a su libro sagrado el *Corán*, el cual creen que contiene la palabra de Dios a su líder sagrado Mahoma. Señale a los niños que la mayoría de las tradiciones religiosas creen que Dios se comunica con la gente mediante sus libros sagrados que a menudo se tienen que leer y compartir.

Recordamos
2. Desarrollo
Qué hacer con el texto

- Invite a los niños a ponerse cómodos para compartir la historia de las Escrituras.

- Lea en voz alta o narre la parte de la historia que se halla en esta página. Use un tono de voz atractivo para emocionar a los niños con la historia.

- Comente la historia con los niños para que reflexionen sobre ella.
  ¿Por qué pidió ayuda el pastor?
  (Una de sus ovejas estaba perdida y quería hallarla.)
  ¿Sus amigos pensaban que era una buena idea?
  (No, porque sólo era una oveja y el pastor aún tenía otras noventa y nueve.)
  ¿Por qué quería el pastor hallar la que estaba perdida?
  (Porque esa oveja estaba perdida, tenía miedo y necesitaba más al pastor.)

One Lost Sheep

People sometimes asked Jesus why he spent so much time with sinners. Shouldn't he be bringing the good news of God's love to holy people? Jesus answered them with a story.

Once there was a shepherd who took care of a hundred sheep. Every night before closing the gate to the sheep pen, the shepherd counted his sheep.

One night there were only ninety-nine. The shepherd counted again. Still only ninety-nine! Where could the missing sheep be?

The shepherd called all his friends to help him look. "Why bother?" one friend asked. "It's only one lost sheep. You've got ninety-nine safe here to take care of!"

"It's the one lost sheep who needs me most," the shepherd said. Then he and his friends looked everywhere a wandering sheep might hide.

Finally, the shepherd found his one lost sheep. It was curled up under a bush, tired and frightened. The shepherd put the sheep on his shoulders.

La oveja descarriada

A veces la gente le preguntaba a Jesús por qué Él pasaba tanto tiempo con los pecadores. ¿No debería llevar las buenas noticias del amor de Dios a la gente santa? Jesús les respondió con una historia.

Había una vez un pastor que cuidaba de cien ovejas. Cada noche antes de cerrar la puerta del corral, el pastor contaba sus ovejas.

Una noche sólo contó noventa y nueve. Las contó de nuevo, pero de nuevo sólo había noventa y nueve. ¿Dónde estaría la oveja perdida?

El pastor llamó a todos sus amigos para que lo ayudaran a buscarla. —¿Por qué te preocupas? —preguntó un amigo—. Sólo has perdido una oveja. Te quedan noventa y nueve para cuidar.

—La que está perdida es la que más me necesita —contestó el pastor. Así que él y sus amigos buscaron la oveja descarriada por todas partes. Finalmente, el pastor encontró la oveja. Estaba acurrucada debajo de un arbusto, cansada y asustada. El pastor cargó la oveja en sus hombros.

24 : Recordamos

Centro de recursos
Antecedentes de las Escrituras

La imagen del pastor se halla por todo el Antiguo y Nuevo Testamentos. En el Nuevo Testamento, los cuatro evangelios contienen imágenes de Jesús como el buen pastor. El buen pastor cuida de las ovejas confiadas a él con el cariño y cuidado de un pastor dispuesto a dar su vida por su rebaño. En la carta de Pablo a los **Efesios**, en los **Hechos de los apóstoles** y en la **Primera carta de Pedro**, se aplica el término *pastor* a los líderes y ancianos de la Iglesia. La palabra *pastor* del latín se usa hoy en día para describir a los líderes ordenados de una diócesis o parroquia.

Notas

He called out to his friends, "Stop searching! I've found the sheep that was lost!"

The shepherd and his friends sang as they brought the lost sheep home. They woke up all ninety-nine other sheep with their shouts of joy!

—based on Luke 15:1–7

Llamó a sus amigos: —¡Dejen de buscar! ¡He encontrado la oveja perdida!

El pastor y sus amigos cantaron al llevar a casa la oveja perdida. ¡Despertaron a las otras noventa y nueve ovejas con sus gritos de alegría!

—basado en el Evangelio de San Lucas 15, 1–7

Recordamos : 25

We Remember : 25

Recordamos

Desarrollo *continuación*

Qué hacer con el texto

Continúe leyendo en voz alta o narrando la historia de las Escrituras que se halla en esta página. Hable con los niños sobre el final.

¿Halló su oveja perdida el pastor? (sí)

¿Cómo se sintió el pastor al hallar su oveja perdida? (Estaba muy feliz, cantó y gritó con alegría.)

Qué hacer con los dibujos

• Dirija la atención de los niños a la ilustración de las páginas 24–25. Invite a voluntarios a describir lo que ven.

• Recuerde a los niños que las ovejas y los pastores eran algo muy común donde vivía Jesús. Cuidar el rebaño de animales salvajes o de personas que trataran de robarlo era el trabajo de un pastor contratado. **Jesús es nuestro buen pastor. ¿Cómo trata Jesús de salvarnos del peligro?** (Respuestas posibles: Nos habla del amor y del perdón de Dios; nos envía a personas que nos quieren y cuidan; vive en nuestros corazones manteniéndonos siempre cerca de Él.)

Antecedentes del arte

El arte de esta página muestra la imagen de un pastor llevando su oveja perdida al rebaño mientras las demás observan. La mayoría de las personas en la sociedad se burlaba del pastor porque era un vagabundo, un nómada que abandonaba a su esposa y sus hijos por meses para seguir a su rebaño de un pasto a otro. A menudo, el pastor y su rebaño eran arrojados de una propiedad por el daño que podría causar el rebaño al pasto. Era un trabajo humilde que pagaba poco y que no se respetaba mucho y aún así, Jesús eligió esta imagen para describir a Él y a sus fieles, el "rebaño", es decir, la gente que Dios, el Padre, había dejado a su cargo. La imagen de Jesús como buen pastor es una de las primeras imágenes de Jesús en el arte religioso.

Enriquecimiento

Dramatizar la historia de las Escrituras Use o adapte el libreto de las páginas HA6–HA7 para representar la historia. En la página HA5 se hallan sugerencias para disfraces sencillos y adornos.

Celebramos
Desarrollo *continuación*

Qué hacer con el texto

- Lea en voz alta el texto de esta página.
- Escriba en el pizarrón los términos *Evangelios y Celebración de la palabra de Dios.* Después de la palabra *Evangelios,* coloque un signo de (=) y luego escriba las palabras *buenas noticias.* Explique que los Evangelios son los libros más importantes de la Biblia para los cristianos porque describen la vida y las enseñanzas de Jesús. Los Evangelios comparten con nosotros las buenas noticias de Dios.
¿De quién son las palabras que compartimos durante la Celebración de la palabra de Dios? (de Dios)
¿Por qué creen que compartimos la palabra de Dios como una parte de la celebración de cada sacramento?
(La palabra de Dios nos trae las buenas noticias de que somos amados y perdonados.)

Qué hacer con los dibujos

Pida a los niños que observen la fotografía de esta página. Ayúdelos a reconocerla como una parte del sacramento de la Reconciliación llamada la *Celebración de la palabra de Dios.*
¿Qué debemos hacer durante la Celebración de la palabra de Dios? (Debemos escuchar cuidadosamente la palabra de Dios.)
¿Cómo saben que las personas de esta fotografía escuchan cuidadosamente al lector?
(La observan y están sentados en silencio.)

Words of Love and Mercy

Jesus' story about the lost sheep reminds us how much God loves us and wants to forgive us. This story, and many others, can be found in the **Gospels,** the books of the Bible that tell about Jesus' life and teachings. The word **gospel** means "good news."

Readings from the Bible are part of the celebration of every sacrament. We call this the **Celebration of the Word of God.**

We share stories from the Bible as part of the Sacrament of Reconciliation. These words of love and mercy help us see where we have sinned and how we can do better.

Palabras de amor y misericordia

La historia de Jesús sobre la oveja descarriada nos recuerda lo mucho que Dios nos quiere y desea perdonarnos. Esta historia, y muchas otras, pueden hallarse en los **Evangelios,** los libros de la Biblia que nos cuentan la vida y las enseñanzas de Jesús. La palabra **evangelio** significa "buenas noticias".

Las lecturas de la Biblia son parte de la celebración de cada sacramento. Llamamos a esto la **Celebración de la palabra de Dios.**

Compartimos historias de la Biblia como parte del sacramento de la Reconciliación. Estas palabras de amor y misericordia nos indican dónde hemos pecado y cómo podemos mejorar.

Centro de recursos
Conexión con la liturgia

La ***Celebración de la palabra de Dios*** comienza con una lectura que, por lo general, proviene del Antiguo Testamento. Después de la primera lectura, la congregación contesta a la palabra de Dios. Llamamos a este responsorio *Salmo responsorial.* Luego, se comparte una segunda lectura de una de las cartas o las epístolas que se hallan en el Nuevo Testamento. Finalmente, se lee el evangelio y la congregación se levanta para recibir a Jesús en la palabra proclamada de Dios. El sacerdote o diácono que preside comparte con nosotros una enseñanza sobre las lecturas. Esta conversación especial llamada *homilía,* nos ayuda a comprender la palabra de Dios hoy en día y cómo vivirla en esta época y este lugar. La última parte de la Celebración de la palabra de Dios es la Intercesión penitencial. En este momento de oración de intercesión, respondemos a la palabra de Dios pidiéndole que ayude a los necesitados y desconsolados.

En una celebración comunitaria de la Reconciliación, comenzamos cantando un himno. Rezamos para que Dios abra nuestros corazones para que podamos pedir perdón. Luego oímos una o varias lecturas de la Biblia. El sacerdote nos ayuda a comprender lo que hemos leído.

Cuando celebramos individualmente la Reconciliación, puede que el sacerdote lea o nos pida leer algo de la Biblia cuando nos reunimos. El mensaje de la Sagrada Escritura nos inicia en la celebración del amor misericordioso de Dios.

Preguntamos

¿Cómo podemos oír a Dios cuando habla con nosotros?

Las Sagradas Escrituras son la propia palabra de Dios. Cuando oímos o leemos la Biblia como parte del sacramento de Reconciliación, escuchamos el mensaje que Dios nos envía. En una celebración comunitaria de Reconciliación, la **homilía** del sacerdote nos ayuda a comprender las lecturas y a aplicarlas en nuestra vida. En una celebración individual, el sacerdote y el penitente pueden comentar juntos la lectura de las Sagradas Escrituras.

(Catecismo, #104, 1349)

Celebramos : 27

In a communal celebration of Reconciliation, we begin by singing a hymn. We pray that God will open our hearts so that we can ask forgiveness. Then we hear one or more readings from the Bible. The priest helps us understand what we have heard.

When we celebrate Reconciliation individually, the priest may read or have us read a few words from the Bible when we first get together. The message of Scripture starts us on our celebration of God's forgiving love.

We Ask

How can we hear God speaking to us?

Scripture is God's own word. When we hear or read the Bible as part of the Sacrament of Reconciliation, we are hearing God's message for us. In a communal celebration of Reconciliation, the priest's **homily** helps us understand the readings and apply them to our lives. In an individual celebration the priest and the penitent may discuss the Scripture reading together.

(Catechism, #104, 1349)

We Celebrate : 27

Celebramos
Desarrollo *continuación*
Qué hacer con el texto

- Lea en voz alta el texto de esta página.

- Diga a los niños que a menudo, quizás no comprendamos la lectura de las Escrituras porque la experiencia sucedió en otro lugar y otra época muy diferentes a la actual. Señáleles la importancia de tener a un sacerdote o diácono que explique la palabra de Dios.

- Invite a los niños a contestar estas preguntas.
  ¿Por qué rezamos al comienzo de la celebración comunitaria de la Reconciliación? (para que Dios abra nuestros corazones para que podamos pedir perdón)
  ¿Cómo nos ayuda el mensaje de las Escrituras? (Nos inicia en nuestra celebración del amor clemente de Dios.)

Qué hacer con los dibujos

- Dirija la atención a la fotografía del sacerdote dando una homilía. Invite a voluntarios a describir lo que ven en la fotografía. (un sacerdote dando una homilía en una misa de niños o en un servicio comunitario de Reconciliación)

Preguntamos Invite a un voluntario a leer en voz alta la pregunta. Luego, lea en voz alta la respuesta haciendo pausas frecuentes para asegurarse de que los niños comprenden. Use *El lenguaje de la fe* para clarificar el significado de *homilía*. Señale la importancia de saber lo que Dios nos dice hoy.

El lenguaje de la fe

La palabra **homilía** se deriva de la palabra griega que significa "conversación" o "discurso". La homilía se conocía anteriormente como un sermón, una conversación o discurso especial dado por el sacerdote o diácono que presidía durante la Celebración de la palabra de Dios. Su propósito principal es explicar las Escrituras, especialmente el evangelio, y cómo aplicarlo a nuestras vidas.

Sugerencia para la enseñanza

Explicar el papel del homilista Ayude a los niños a comprender que los ministros ordenados en la Iglesia tienen una responsabilidad especial de enseñar y explicar las Escrituras y todas las enseñanzas de la Iglesia y ayudarnos a aplicarlas en nuestras vidas. Son nuestros maestros especiales que nos ayudan a conocer más el amor de Dios hacia nosotros. Por ser maestro, el sacerdote o diácono que preside, nos enseña o explica lo que significan las lecturas de la Biblia. Diga a los niños que esta conversación especial, llamada *homilía*, la da un ministro ordenado.

Vivimos la Reconciliación
3. Cierre
Qué hacer con la página

- Escriba en el pizarrón los siguientes versos de la Biblia o algunos que Ud. elija.

  "Tú, Señor, eres mi pastor. Nada me hará falta." *(Salmos 23, 1)*

  "Nada podrá separarnos del amor de Dios." *(Romanos 8, 38)*

  "¡Alégrense siempre en el Señor!" *(Filipenses 4, 4)*

- Lea las instrucciones de la actividad en voz alta. Invite a voluntarios a leer los versos de las Escrituras que escribió en el pizarrón. Dé a los niños tiempo para que elijan los versos.

- Provea materiales para escribir y dé tiempo para que los niños copien en el marcador de libro el verso que hayan elegido.

- Anime a los niños a compartir el verso de la Biblia que escribieron en sus marcadores de libros con sus familiares y compañeros de oración.

Vivir la Reconciliación en la casa
Sugiera esta actividad de seguimiento.

- Hagan un marcador de libro con las Escrituras para alguien que está enfermo, solo o herido. Den el marcador de libro a la persona como un signo de amor.

Vivir la Reconciliación en la parroquia
Pida a los niños que completen estas actividades en la clase o en la casa con familiares o compañeros de oración.

- Coloreen las páginas 3–5 y 11–12 de *Mi libro de la Reconciliación.*

- Escuchen las lecturas de las Escrituras y la homilía en la misa esta semana. ¿Qué dicen acerca de la manera en que Dios quiere que vivan su vida?

Prepararse para la Primera Reconciliación
Pida a los niños que trabajen en grupos pequeños para comentar esta pregunta.

Pronto celebrarán el sacramento de la Reconciliación por primera vez. ¿Cómo los puede ayudar la palabra de Dios en la Biblia a prepararse para esta celebración especial?

Palabras para imitar

Tu maestro escribirá algunos versos de la Biblia en el pizarrón. Elige tu favorito y escríbelo en el dibujo del libro.

28 : Vivimos la Reconciliación

Centro de recursos
Conexión con la familia
Distribuya la *Página para compartir* del Capítulo 3 para que la lleven a casa. Anime a los niños a llevar sus libros y folletos de la Reconciliación a casa para compartirlos con sus familiares.

Conexión con la liturgia
Las páginas 3–5 y 11–12 cubren las oraciones de entrada y las Escrituras en las celebraciones comunitarias e individuales del sacramento. Repase estas partes del rito de penitencia con los niños, leyendo las oraciones en voz alta, ayudándolos a memorizar los responsorios y practicando cualquier gesto o postura.

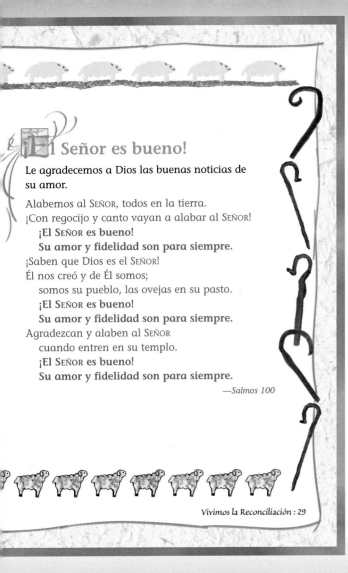

¡El Señor es bueno!

Le agradecemos a Dios las buenas noticias de su amor.

Alabemos al Señor, todos en la tierra.
¡Con regocijo y canto vayan a alabar al Señor!
 ¡El Señor es bueno!
 Su amor y fidelidad son para siempre.
¡Saben que Dios es el Señor!
Él nos creó y de Él somos;
 somos su pueblo, las ovejas en su pasto.
 ¡El Señor es bueno!
 Su amor y fidelidad son para siempre.
Agradezcan y alaben al Señor
 cuando entren en su templo.
 ¡El Señor es bueno!
 Su amor y fidelidad son para siempre.

—Salmos 100

Vivimos la Reconciliación : 29

The Lord Is Good!

We thank God for the good news of his love.

Shout praises to the Lord,
 everyone on this earth.
Be joyful and sing as you
 come in to worship
 the Lord!
 The Lord is good!
 His love and faithfulness
 will last forever.
You know the Lord is God!
He created us, and we
 belong to him;
 we are his people, the
 sheep in his pasture.
 The Lord is good!
 His love and faithfulness
 will last forever.
Be thankful and praise
 the Lord
 as you enter his temple.
 The Lord is good!
 His love and faithfulness
 will last forever.

—Psalm 100

We Live Reconciliation : 29

Vivimos la Reconciliación
Cierre *continuación*
Qué hacer con la página

- Pase unos minutos repasando este capítulo con los niños. Invite a voluntarios a señalar sus partes favoritas de la lección.

- Dirija la atención de los niños a los símbolos que forman el borde de la página. Invite a voluntarios a que expliquen la conexión entre estos símbolos y el tema del capítulo. (**Las ovejas y el bastón del pastor nos recuerdan la parábola de Jesús de la oveja descarriada.**)

- Pida a los niños que lleven sus libros al sitio de oración del salón de clases o la iglesia. Reúnanse alrededor de una mesa o del ambón. Si es posible, pida a las familias y compañeros de oración de los niños que los acompañen a rezar.

Oración Enseñe a los niños el responsorio de la oración de esta página "¡El Señor es bueno! Su amor y lealtad durarán para siempre". Guíe a los niños en la oración, comenzando y terminando con la Señal de la Cruz. Busque sugerencias de canciones para acompañar la oración de cierre en *Música para rezar*.

Música para rezar
Para realzar la celebración de la oración, Ud. pudiera usar una de las siguientes canciones: "Come, Worship the Lord", "Lift Up Your Hearts" o una canción del CD *Celebrating Our Faith*.

Enriquecimiento
Hacer un tríptico con las Escrituras Provea a los niños con materiales para arte y para escribir. Pídale a cada uno que doble una hoja grande de cartulina en tres. Haga una lista de ideas con los niños de sus historias favoritas de la Biblia. Luego pídales que elijan una para ilustrarla. Ellos deben dibujar una parte de la historia en cada tercio de la cartulina. Dé tiempo para que los niños compartan su trabajo con la clase.

Notas

Capítulo 4
Consideramos nuestras vidas

Resumen del contenido clave

La felicidad verdadera la obtenemos cuando hacemos lo que Dios quiere que hagamos. Los Diez Mandamientos resumen la ley de Dios y, a su vez, éstos están resumidos en el Mandamiento Nuevo del Señor. Como parte del proceso de conversión, examinamos nuestra conciencia, comparando nuestras acciones con la ley de Dios, según se revela en las Escrituras, las enseñanzas de la Iglesia y la vida de Jesús.

Planificación del capítulo

Introducción	Guía de duración *Tiempo sugerido/Su tiempo*	Contenido	Objetivos	Materiales
	10–20 min/ _____ **min**	**Somos invitados,** págs. 30–31	• Reconocer que la felicidad verdadera la obtenemos al seguir los mandamientos de Dios.	• música para rezar (opcional)

Desarrollo				
	35–45 min/ _____ **min**	**Recordamos,** págs. 32–33	• Recordar el ofrecimiento de los Diez Mandamientos y las enseñanzas de Jesús en cuanto al Mandamiento Nuevo.	
		Celebramos, págs. 34–35	• Identificar los pasos al examinar nuestra conciencia. • Describir el papel que desempeña el examen de conciencia en el sacramento de la Reconciliación.	• materiales de arte para pulseras, botones, marcadores de libros, tarjetas o adhesivos (opcional)

Cierre				
	15 min/ _____ **min**	**Vivimos la Reconciliación,** págs. 36–37	• Celebrar la ayuda del Espíritu Santo.	• materiales para escribir y dibujar • *Mi libro de la Reconciliación* • Capítulo 4 *Página para compartir* • música para rezar (opcional)

Antecedentes del catecismo

Fundación doctrinal En varios momentos de nuestras vidas, quizás pensemos que nuestra conciencia es una voz externa y amistosa que constantemente nos recuerda cuál es la dirección moral correcta. Pero la realidad es otra cosa más compleja y maravillosa. Es posible que se considere la conciencia como una voz, pero es una voz interna, una armonía entre el intelecto y el razonamiento, la emoción y la voluntad entretejidas por Dios en nuestra persona. Y para poder depender de esta voz, debemos tomar la responsabilidad de formar nuestra conciencia, alimentarla con la ley según se revela en las Escrituras, con las enseñanzas de la Iglesia y con la persona de Jesús. Afortunadamente, contamos con la ayuda del Espíritu Santo. "Dios nuestro, Tú bendices a todos los que viven y obedecen tu ley. Bendices a todos los que siguen tus mandamientos desde lo más profundo de sus corazones" *(Salmos 119, 1–2).*

Ver *Catecismo de la Iglesia Católica, #1777, 1783.*

Retiro de un minuto

Leer

"Lo que llamamos conciencia es la voz del amor divino que está muy adentro de nuestro ser, que desea unirse con nuestra voluntad."

—*J. P. Greaves*

Reflexionar

¿Qué imagen tengo de mi conciencia?

¿Cómo alimento y formo mi conciencia?

Orar

Dios de sabiduría,
abre mi mente y mi corazón a tu voluntad
y moldea mi conciencia con tu amor.
Envía tu Espíritu para guiar a los niños
a medida que aumentan su comprensión.
Ayúdanos a hacer las cosas buenas y amorosas
que nos pides.
Amén.

Conexión con la biblioteca

Libros para niños

Pedimos perdón: Libro de Reconciliación para niños (St. Anthony Messenger Press).

Incluye material sobre el examen de conciencia.

Libros para adultos

"The Beatitudes: Finding Where Your Treasure Is" por Leonard Foley OFM (*Catholic Update;* St. Anthony Messenger Press).

Contemporary Christian Morality: Real Questions, Candid Answers por Richard C. Sparks CSP (Crossroad Herder).

Un orador popular aborda cuestiones de moralidad.

Making a Better Confession: A Deeper Examination of Conscience por Con O'Connell OFM (Ligouri).

Más allá de la fórmula hasta la conversión verdadera.

Multimedia para niños

Celebrating Our Faith (CD) (producido por GIA; BROWN-ROA).

Una o más canciones de esta colección se pueden usar para realzar la oración y liturgia en el salón de clases.

Celebrating Reconciliation with Children (serie de vídeos de 6 partes) (producida por Salt River Production Group; BROWN-ROA).

Segment 4: We Look at Our Lives está diseñado para usarlo con este capítulo.

Kevin's Temptation (vídeo) (producido por Twenty-Third Publications; BROWN-ROA).

Una historia sobre tomar la decisión correcta.

Moses the Lawgiver (vídeo) (producido por Rabbit Ears Productions; BROWN-ROA).

La historia de los Diez Mandamientos.

One Good Turn: Making a Moral Decision (vídeo) (producido por Barbara Bartley; BROWN-ROA).

Sugerencias para decidir y evaluar opciones morales.

Multimedia para adultos

Making Sense of Christian Morality (serie de vídeos de 4 partes) (Franciscan Communications/ St. Anthony Messenger Press).

El padre paulista Richard Sparks aborda asuntos importantes de la formación moral cristiana.

Somos invitados

1. Introducción

Reunión Pida a los niños que piensen en ocasiones en las que se han sentido muy contentos. Invite a voluntarios a describir algunos de esos momentos.

Oración Recen juntos la oración de entrada. Busque sugerencias de canciones para acompañar la oración de entrada en *Música para rezar*.

Qué hacer con los dibujos

Dirija la atención de los niños a la fotografía de esta página. Pídales que describan lo que ven.
¿Por qué creen que estos niños están contentos?
(Respuestas posibles: les gusta que les tomen fotografías; se divierten jugando juntos; es un día especial en la escuela; acaban de recibir buenas noticias.)

Qué hacer con el texto

• Lea en voz alta el texto. Dé a voluntarios la oportunidad de sugerir lo que los hace muy felices.

• Hable con los niños de la felicidad verdadera. Enfatice que la gente con quienes compartimos nuestras vidas es la que realmente nos hace felices.
¿Quién en su vida los hace realmente felices?
(Respuestas posibles: mi papá y mi mamá, mis amigos, mis hermanos y hermanas, mis abuelos.)

Chapter 4

We Look at Our Lives

Dear God—Father, Son, and Holy Spirit—you call us to be happy with you forever. Help us live by our covenant of love with you. Amen!

What makes you happy? Real happiness comes from sharing love, friendship, and good times.

God made each person to be really happy forever. We are most happy when we are living the way God made us to live.

30 : We Are Invited

Capítulo 4

Consideramos nuestras vidas

Amado Dios —Padre, Hijo y Espíritu Santo— nos llamas para estar contigo felices por siempre. Ayúdanos a vivir nuestra alianza de amor contigo. ¡Amén!

¿Qué te hace feliz? La verdadera felicidad llega de compartir amor, amistad y tiempos buenos.

Dios hizo a cada persona para que fuera realmente feliz por siempre. Somos más felices cuando vivimos de la manera en que Dios hizo que vivamos.

30 : Somos invitados

Centro de recursos

Sugerencia para la enseñanza

Cómo manejar temas delicados Señale a la clase que está bien que no se sientan felices todo el tiempo. A veces necesitamos sentirnos tristes o enfadados debido a lo que nos sucede. Diga a los niños que está bien tener estos sentimientos.

Música para rezar

Algunas sugerencias musicales para realzar esta oración son "Only Your Love", "Hold Us in Your Mercy" o "A Means of Your Peace" del CD *Celebrating Our Faith*.

Notas

Dios nos ama demasiado. Él nos dio los **mandamientos** como una señal de su amor. Los mandamientos nos muestran cómo vivir como Dios quiere que vivamos. Nos dicen cómo amar a Dios y a los demás. Los mandamientos nos muestran la manera para la verdadera felicidad.

God loves us so much. He gave us the **commandments** as a sign of his love. The commandments show us how to live as God wants us to live. They tell us how to love God and others. The commandments show us the way to real happiness.

Somos invitados : 31

We Are Invited : 31

Somos invitados
Introducción *continuación*
Qué hacer con el texto
- Escriba en el pizarrón la palabra *mandamientos* al lado de las palabras *el camino a la felicidad verdadera*. Agregue un signo de igualdad (=) para conectar los dos grupos de palabras.
- Diga a los niños que otros nombres para mandamientos son *reglas* o *leyes*. Escriba estas palabras bajo la palabra *mandamientos*.
- Lea el texto en voz alta o resúmalo en sus propias palabras. **¿Por qué Dios quiere que seamos felices?** (porque Dios nos ama) **¿Qué nos sucede a nosotros y a nuestro mundo cuando no vivimos de la manera que Dios quiere?** (Respuestas posibles: no somos felices; los demás no son felices.)

Qué hacer con los dibujos
- Dirija la atención a la fotografía de esta página. Invite a voluntarios a sugerir lo que debe haber sucedido entre el niño y su padre. (Respuestas posibles: se acaban de contentar; el padre le dice al niño lo feliz que lo hace; se están comunicando que se aman y que se desean felicidad.)
- Señale a los niños que cuando amamos a alguien, queremos que esa persona sea feliz. Dios nos ama mucho y quiere que seamos realmente felices. Para ayudarnos a conseguir la verdadera felicidad, Dios nos dio los mandamientos.

Antecedentes catequistas
No es necesario que los niños de esta edad memoricen los Diez Mandamientos. Sin embargo, quizás quiera dirigir a los niños a los Diez Mandamientos en la página 57 y usar esta referencia para explicar lo que nos piden los mandamientos. Diga a los niños que Jesús vivió siguiendo los mismos mandamientos, es decir, las leyes especiales de Dios, y que se nos pide que vivamos de acuerdo con ellos como un símbolo de nuestra amistad con Dios.

El lenguaje de la fe
Los **mandamientos** son las reglas de vida que Dios dio a Moisés en el monte Sinaí. Los Diez Mandamientos, las más conocidas de estas reglas, nos señalan cómo debemos vivir en una relación bendita con Dios y los demás. Los tres primeros mandamientos describen cómo debemos amar a Dios. Los otros siete mandamientos describen cómo debemos tratarnos a nosotros mismos y al prójimo. Tanto los judíos como los cristianos se esfuerzan por vivir según estos mandamientos.

Recordamos
2. Desarrollo

Qué hacer con los dibujos

- Dirija la atención a la ilustración de Moisés y los Diez Mandamientos. Invite a voluntarios a describir lo que ven en el dibujo.

- Diga a los niños que el hombre que sostiene las dos tablas es Moisés, un amigo de Dios y un líder importante del pueblo de Israel. Explique que Moisés vivió muchos años antes de Jesús.
  ¿Qué mensaje de Dios creen que Moisés tendría para el pueblo de Israel? (Respuestas posibles: Di al pueblo que lo amo; dile que quiero que amen a los demás.)

Qué hacer con el texto

- Invite a los niños a ponerse cómodos para oír la historia de las Escrituras.

- Lea en voz alta o diga de nuevo la historia de esta página. Enfatice que el pueblo de Israel comprendió que los mandamientos eran la palabra de Dios. Estas leyes de Dios se convirtieron en algo muy importante en sus vidas.
  ¿Cuál fue la alianza entre Dios y el pueblo de Israel? (una promesa de amor eterno) Diga a los niños que Dios hizo una alianza con ellos. Ayúdelos a comprender que en el Bautismo nos convertimos en hijos de Dios, seguidores de Jesús y miembros de la familia de la Iglesia. Hicimos un convenio de amor eterno con Dios.

The Great Commandment

God made a **covenant**, a lasting promise of love, with the people of Israel. God gave their leader, Moses, the commandments as a sign of the covenant. The Ten Commandments were carved on stone tablets.

But the commandments were not just laws written on stone. The people kept these words in their hearts. They honored them in their lives.

El Mandamiento Nuevo

Dios hizo una **alianza**, una promesa de amor duradera, con el pueblo de Israel. Dios le dio a su líder Moisés, los mandamientos como una señal de la alianza. Los Diez Mandamientos se tallaron en tablas de piedra.

Pero los mandamientos no eran únicamente leyes escritas en piedra. Las personas conservaban estas palabras en sus corazones. Las honraban en sus vidas.

32 : Recordamos

Centro de recursos

Antecedentes de las Escrituras

La historia de los Diez Mandamientos que Dios le dio a Moisés se halla en el **Libro del Éxodo** y en el **Libro del Deuteronomio**. El Dios de los israelitas viviría una relación especial con su pueblo. Como un signo de la **alianza**, es decir, un acuerdo sagrado, los israelitas aceptarían estos mandamientos especiales. Vivir según estas leyes les llevaría felicidad verdadera. Se entendía que las leyes de Dios eran la manera en que Dios mostrara su amor por ellos, porque las leyes los ayudaron a conseguir la verdadera felicidad.

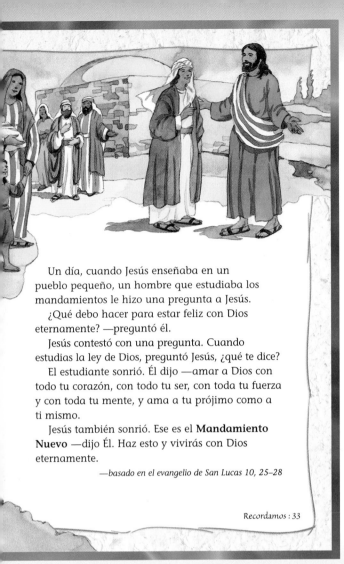

Un día, cuando Jesús enseñaba en un pueblo pequeño, un hombre que estudiaba los mandamientos le hizo una pregunta a Jesús.

¿Qué debo hacer para estar feliz con Dios eternamente? —preguntó él.

Jesús contestó con una pregunta. Cuando estudias la ley de Dios, preguntó Jesús, ¿qué te dice?

El estudiante sonrió. Él dijo —amar a Dios con todo tu corazón, con todo tu ser, con toda tu fuerza y con toda tu mente, y ama a tu prójimo como a ti mismo.

Jesús también sonrió. Ese es el **Mandamiento Nuevo** —dijo Él. Haz esto y vivirás con Dios eternamente.

—basado en el evangelio de San Lucas 10, 25–28

Recordamos : 33

One day when Jesus was teaching in a small town, a man who studied the commandments asked Jesus a question.

"What must I do to be happy forever with God?" he asked.

Jesus answered with a question of his own. "When you study God's law," Jesus asked, "what does it tell you?"

The student smiled. He said, "Love God with all your heart, with all your being, with all your strength, and with all your mind, and love your neighbor as you love yourself."

Jesus smiled, too. "That is the **Great Commandment**!" he said. "Do this, and you will live forever with God."

—based on Luke 10:25–28

Recordamos
Desarrollo *continuación*
Qué hacer con el texto

- Lea en voz alta la historia de las Escrituras de esta página. Recuerde a los niños que esta historia sucedió muchos años atrás después de que Moisés aceptó los mandamientos de Dios. Use *El lenguaje de la fe* para explicar mejor el *Mandamiento Nuevo*.

- Invite a los niños a hacer una pausa y a reflexionar sobre la historia.
  ¿Qué pregunta le hizo el hombre a Jesús? (¿Qué debo hacer para estar feliz con Dios eternamente?)
  ¿Cómo le respondió Jesús? (Jesús le pidió al hombre que le dijera lo que dice la ley de Dios.)
  ¿Qué *dice* la ley de Dios? (Ama a Dios con todo tu ser y ama al prójimo como a ti mismo.)
  ¿Cómo llamamos a esta ley especial de Dios? (el Mandamiento Nuevo)

Qué hacer con los dibujos
Dirija la atención a la ilustración de esta página.
¿Por qué creen que la otra gente que se muestra en la ilustración se reunió para oír a Jesús? (Respuestas posibles: también querían saber cómo ser felices eternamente con Dios; querían ver si Jesús sabía la respuesta verdadera.)
El hombre le dijo a Jesús lo que decía la ley de Dios. ¿Cómo nos hace realmente felices la ley de Dios? (Dios nos dio la ley porque nos ama. Sabía que si vivíamos según esta regla, seríamos felices para siempre.)

Antecedentes de las Escrituras
Era una costumbre judía debatir sobre el significado de las Escrituras y poner a prueba la sabiduría y conocimiento de los líderes judíos. Esta historia del Evangelio de San Lucas es un ejemplo de este tipo de prueba. Sabiendo que estaba a prueba y que el hombre ya sabía la respuesta a su propia pregunta, Jesús le permitió al hombre que la contestara. El hombre repite el centro de la ley de Dios, no la ley como un conjunto de reglas que se deben seguir, sino como una forma de vivir y amar y de hallar la felicidad verdadera. Amar a Dios y al prójimo es lo necesario para vivir con Dios para siempre.

El lenguaje de la fe
El **Mandamiento Nuevo** se halla en **Deuteronomio 6, 5** y **Levítico 19, 18**. Esta oración corta contiene toda la ley de Dios. Resume los Diez Mandamientos y enfatiza que el amor a Dios y al prójimo es lo que Dios espera de su pueblo. Si se observa el Mandamiento Nuevo, entonces Israel crecerá y prosperará y será feliz como el pueblo especial de Dios para siempre.

Celebramos
Desarrollo *continuación*

Qué hacer con el texto

Lea el texto en voz alta. Use *El lenguaje de la fe* para profundizar la comprensión de los niños del término resaltado.

¿Por qué es importante considerar nuestras vidas de una manera piadosa antes de celebrar la Reconciliación?
(Necesitamos comparar nuestras acciones con los Diez Mandamientos, las Bienaventuranzas, la vida de Jesús y las enseñanzas de la Iglesia.)

¿Quién nos ayuda a conocer las malas decisiones que hemos tomado?
(el Espíritu Santo)
Señale a los niños que el Espíritu Santo también nos ayudará a reconocer las buenas decisiones que hemos tomado.

Qué hacer con los dibujos

• Dirija la atención a la fotografía grande en el medio de las dos páginas. Invite a voluntarios a describir lo que ven.

• Ayude a los niños a reconocer el lugar como una capilla pequeña dentro de una iglesia más grande. La estructura grande en el centro es un *tabernáculo*, el envase especial donde se guardan las hostias consagradas. Jesús está presente en el tabernáculo de una manera especial.

¿Por qué creen que los niños están rezando?
(Examinan su conciencia para prepararse para celebrar la Reconciliación. Le piden al Espíritu Santo que los ayude.)

How Do We Measure Up?

We know that we do not always live as God wants us to live. We do not always honor the commandments.

When we celebrate the Sacrament of Reconciliation, we look at our lives. We ask the Holy Spirit to help us see where we have made wrong choices.

This prayerful way of looking at our lives is called an **examination of conscience**. We measure our actions against the Ten Commandments, the Beatitudes, the life of Jesus, and the teachings of the Church.

¿Cómo nos consideramos?

Sabemos que no siempre vivimos como Dios quiere que vivamos. No siempre honramos los mandamientos.

Cuando celebramos el sacramento de la Reconciliación observamos nuestras vidas. Le pedimos al Espíritu Santo que nos ayude a ver dónde hemos hecho elecciones incorrectas.

Esta manera piadosa de observar nuestras vidas se llama un **examen de conciencia**. Medimos nuestras acciones a partir de los Diez Mandamientos, las Bienaventuranzas, la vida de Jesús y las enseñanzas de la Iglesia.

Centro de recursos

El Lenguaje de la fe

Un ***examen de conciencia*** es una manera piadosa de recordar las decisiones amorosas y no amorosas que hemos tomado. Cuando examinamos nuestra conciencia, recordamos el amor de Dios por nosotros y lo bien que hemos respondido a ese amor. Recordamos, con la ayuda del Espíritu Santo, los momentos en que no actuamos de la manera debida y rompimos nuestra promesa de vivir según la ley de Dios.

Conexión con la liturgia

Recuerde a los niños que en la misa hay un momento especial para hacer una pausa y recordar cómo hemos roto la promesa que hicimos con Dios de vivir según su ley y para pedir perdón. Llamamos a esta parte de la misa el *rito penitencial*. Esta parte puede suceder de varias formas e incluir varias oraciones, pero siempre nos recuerda que Dios es misericordioso.

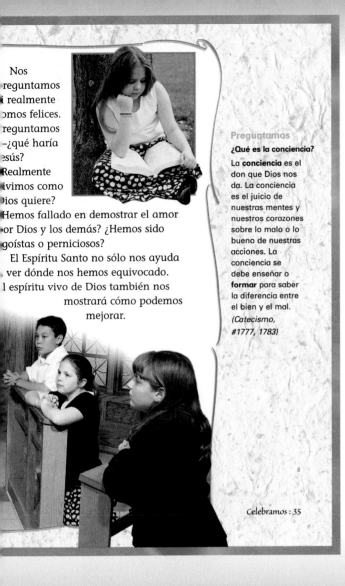

Nos reguntamos i realmente omos felices. reguntamos -¿qué haría esús? Realmente vimos como Dios quiere? Hemos fallado en demostrar el amor or Dios y los demás? ¿Hemos sido goístas o perniciosos?

El Espíritu Santo no sólo nos ayuda ver dónde nos hemos equivocado. l espíritu vivo de Dios también nos mostrará cómo podemos mejorar.

Preguntamos

¿Qué es la conciencia?

La **conciencia** es el don que Dios nos da. La conciencia es el juicio de nuestras mentes y nuestros corazones sobre lo malo o lo bueno de nuestras acciones. La conciencia se debe enseñar o **formar** para saber la diferencia entre el bien y el mal.

(Catecismo, #1777, 1783)

Celebramos : 35

We ask ourselves if we are really happy. We ask, "What would Jesus do?" Are we really living as God wants us to live? Have we failed to show love for God and for others? Have we been selfish or hurtful?

The Holy Spirit will not just help us see where we have gone wrong. God's loving Spirit will also show us how we can do better.

We Ask

What is conscience?

Conscience is the gift God gives us. Conscience is the judgment of our minds and hearts about whether our actions are good or evil. Conscience must be taught, or **formed**, to know the difference between right and wrong.

(Catechism, #1777, 1783)

We Celebrate : 35

Celebramos
Desarrollo *continuación*

Qué hacer con el texto

Lea el texto en voz alta. Enfatice que el Espíritu Santo también nos ayuda a aprender cómo podemos mejorar. **¿Cuál podría ser una pregunta que nos haríamos al examinar nuestra conciencia?** (Respuestas posibles: ¿Qué haría Jesús? ¿Estoy realmente viviendo como Dios quiere? ¿He sido egoísta o he herido a los demás?)

Qué hacer con los dibujos

- Pida a los niños que miren la fotografía pequeña de esta página. Invite a voluntarios a sugerir lo que la niña de la foto podría estar haciendo. (Respuesta posible: leyendo la Biblia.)

- Ayude a los niños a reconocer que la palabra de Dios en la Biblia, especialmente en el Nuevo Testamento, puede ayudarlos a comparar sus acciones con las de Jesús. La palabra de Dios también nos puede recordar de la ley de Dios, la cual Él nos promete nos hará verdaderamente felices si la experimentamos en nuestras vidas.

Preguntamos Invite a un voluntario a leer en voz alta la pregunta. Luego, lea la respuesta a los niños haciendo pausas para asegurarse de que comprenden cada oración. Use *El lenguaje de la fe* para ayudar a clarificar el significado de las palabras en negritas. Recuerde a los niños que compartan esta pregunta y respuesta con sus familiares y compañeros de oración.

El lenguaje de la fe

- Nuestra **conciencia** es una conversación continua que Dios mantiene con nosotros, señalándonos cuando hemos hecho bien y cuando no hemos hecho bien. Cuando escuchamos esta conversación en nuestros corazones, oímos la voz sublime de Dios que nos llama para que volvamos a nuestra promesa de vivir los Diez Mandamientos.

- Nuestra conciencia no aparece de repente; se forma. Nuestra conciencia se empieza a **formar** en nuestra niñez con las enseñanzas y el ejemplo de nuestras familias y otros adultos importantes. Seguimos aprendiendo más acerca de las leyes de Dios y las enseñanzas de la Iglesia a través de nuestras vidas. Todo este conocimiento ayuda a formar, o a moldear, nuestra conciencia para tener la habilidad de elegir entre el bien y el mal.

Enriquecimiento

Hacer un recordatorio con las siglas WWJD La niña de la foto pequeña de esta página lleva una pulsera con las letras *WWJD*. Estas letras significan *What Would Jesus Do?* (¿Qué haría Jesús?) Mucha gente usa estas pulseras o llevan algo con estas iniciales para recordarse de tomar buenas decisiones. Dé a los niños varios materiales de arte y pídales que hagan sus propias pulseras, botones, marcadores de libros, tarjetas o adhesivos.

Vivimos la Reconciliación
3. Cierre
Qué hacer con la página

- Lea en voz alta las instrucciones. Dé tiempo para que los niños piensen sobre lo que escribirán o dibujarán en cada parte de la oración.

- Provea materiales para escribir y dibujar y pida a los niños que completen la oración. Ponga música suave mientras los niños trabajan. Esta página también puede ser asignada como una actividad para la casa.

- Anime a los niños a compartir su trabajo ya terminado ahora o en otra sesión.

Vivir la Reconciliación en la casa

Sugiera estas actividades de seguimiento.

- Con sus familias, hagan una lista de preguntas generales que cada familiar podría hacerse a sí mismo antes de celebrar la Reconciliación.

- Tomen unos minutos cada noche antes de acostarse para pensar en las decisiones buenas y malas que tomaron ese día. Pídanle al Espíritu amoroso de Dios que los ayude a tomar mejores decisiones mañana.

Vivir la Reconciliación en la parroquia

Pida a los niños que completen estas actividades en la clase o la casa con familiares o compañeros de oración.

- Repasen el examen de conciencia de la página 10 de *Mi libro de la Reconciliación*.

- Lean y piensen sobre *Nuestra guía moral* en las páginas 56–58. Hablen de cómo las Bienaventuranzas, los Diez Mandamientos, los Preceptos de la Iglesia y las Obras de misericordia pudieran ser guías para examinar nuestra conciencia.

Prepararse para la Reconciliación

Pida a los niños que trabajen en grupos pequeños para comentar esta pregunta.

Si Dios no nos hubiera dado el don de una conciencia, ¿en qué forma serían nuestras vidas infelices y perjudiciales?

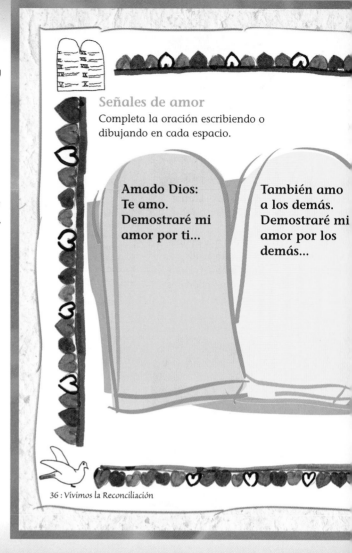

Signs of Love

Finish the prayer by writing or drawing in each space.

Señales de amor

Completa la oración escribiendo o dibujando en cada espacio.

Dear God,
I love you. I will show my love for you by . . .

I love others, too. I will show my love for others by . . .

Amado Dios: Te amo. Demostraré mi amor por ti...

También amo a los demás. Demostraré mi amor por los demás...

36 : Vivimos la Reconciliación

Centro de recursos

Conexión con la familia

Distribuya la *Página para compartir* del Capítulo 4 para llevar a la casa. Estimule a los niños a llevar sus libros y folletos de la Reconciliación a la casa para compartir con sus familiares.

Conexión con la liturgia

La página 5 de *Mi libro de la Reconciliación* describe cómo se incorpora un examen de conciencia en la celebración comunitaria del sacramento de la Reconciliación. La página 12 de *Mi libro de la Reconciliación* ofrece un ejemplo de un examen de conciencia que se puede usar para la preparación de la celebración individual del sacramento.

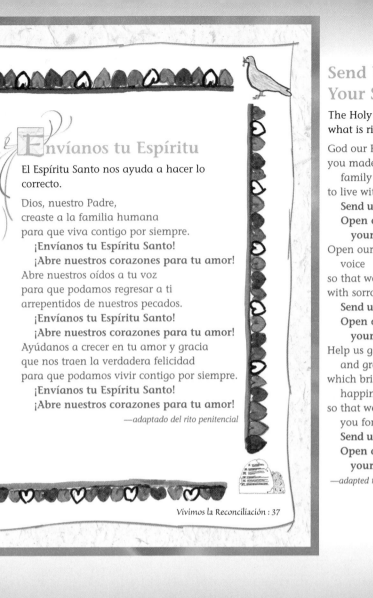

Envíanos tu Espíritu

El Espíritu Santo nos ayuda a hacer lo correcto.

Dios, nuestro Padre,
creaste a la familia humana
para que viva contigo por siempre.
> **¡Envíanos tu Espíritu Santo!**
> **¡Abre nuestros corazones para tu amor!**
Abre nuestros oídos a tu voz
para que podamos regresar a ti
arrepentidos de nuestros pecados.
> **¡Envíanos tu Espíritu Santo!**
> **¡Abre nuestros corazones para tu amor!**
Ayúdanos a crecer en tu amor y gracia
que nos traen la verdadera felicidad
para que podamos vivir contigo por siempre.
> **¡Envíanos tu Espíritu Santo!**
> **¡Abre nuestros corazones para tu amor!**

—adaptado del rito penitencial

Vivimos la Reconciliación : 37

Send Us Your Spirit

The Holy Spirit helps us do what is right.

God our Father,
you made the human
family
to live with you forever.
> **Send us your Holy Spirit!**
> **Open our hearts to
> your love!**
Open our ears to your
voice
so that we may turn to you
with sorrow for our sins.
> **Send us your Holy Spirit!**
> **Open our hearts to
> your love!**
Help us grow in your love
and grace,
which bring us true
happiness,
so that we may live with
you forever.
> **Send us your Holy Spirit!**
> **Open our hearts to
> your love!**

—adapted from the Rite of Penance

We Live Reconciliation : 37

Vivimos la Reconciliación
Cierre *continuación*
Qué hacer con la página

- Pase un rato con los niños repasando este capítulo. Pida a voluntarios que comenten sus partes o fotografías favoritas de la historia de las Escrituras o las cosas nuevas que aprendieron.

- Dirija la atención de los niños a los símbolos que forman el borde de la página. Invite a voluntarios a explicar la conexión entre estos símbolos y el tema del capítulo. (Las tablas de la ley y los corazones nos recuerdan que debemos examinar nuestra conciencia según los mandamientos. Las palomas son símbolos del Espíritu Santo, quien nos ayuda a examinar nuestra conciencia.)

- Pida a los niños que lleven sus libros al lugar de oración del salón de clases o a la iglesia. Reúnanse alrededor de una mesa o en la capilla eucarística o el salón de Reconciliación. Si es posible, pida a las familias de los niños y los compañeros de oración que se unan a la oración.

Oración Enseñe a los niños el responsorio de la oración de esta página: "¡Envíanos tu Espíritu Santo! ¡Abre nuestros corazones a tu amor!" Guíe a los niños en la oración, comenzando y terminando con la Señal de la Cruz. Vea *Música para rezar* para conseguir canciones para acompañar la oración de despedida.

Música para rezar

Algunas canciones que podrían acompañar esta oración de despedida son "Come, O Holy Spirit", "Change Our Hearts", "Spirit, Come" o una canción del CD *Celebrating Our Faith*.

Enriquecimiento

Quizás quiera preceder la oración con un examen de conciencia. Use el examen de conciencia de la página 59 como modelo. Haga una pausa de unos segundos después de cada pregunta para que los niños puedan reflexionar en silencio.

Notas

Capítulo 5
Pedimos perdón

Resumen del contenido clave

Aceptar el perdón de Dios por haber pecado significa que aceptamos la responsabilidad por nuestras acciones y decidimos cambiar. La confesión de los pecados al sacerdote, quien actúa en nombre de Jesús, es la manera en que reconocemos nuestra responsabilidad. Aceptar y hacer una penitencia es una señal de que queremos, con la ayuda de Dios, reparar las cosas.

Planificación del capítulo

Introducción	Guía de duración *Tiempo sugerido/Su tiempo*	Contenido	Objetivos	Materiales
	10-20 min/ _____ min	Somos invitados, págs. 38–39	• Reconocer la importancia de aceptar la responsabilidad por nuestras acciones y prometer mejorar.	• música para rezar (opcional)

Desarrollo				
	35-45 min/ _____ min	Recordamos, págs. 40–41	• Recordar la historia de Zaqueo, un pecador que cambió su vida.	• copias del libreto de las páginas HA9–HA10, adornos sencillos y disfraces (opcional)
		Celebramos, págs. 42–43	• Identificar la importancia de hacer una penitencia. • Describir la confesión y la aceptación de la penitencia en el sacramento de la Reconciliación.	

Cierre				
	15 min/ _____ min	Vivimos la Reconciliación, págs. 44–45	• Celebrar el amor de Dios.	• materiales para escribir y dibujar • *Mi libro de la Reconciliación* • Capítulo 5 *Página para compartir* • música para rezar (opcional)

Antecedentes del catecismo

Fundación doctrinal   Los beneficios terapéuticos de la confesión privada fueron reconocidos por los fundadores del psicoanálisis moderno, quienes basaron el proceso analítico en este antiguo rito. "La confesión es buena para el alma", dice el proverbio y los beneficios son aún mayores que el simple alivio que sentimos cuando evocamos un secreto penoso. En la historia de la Iglesia, la confesión privada se derivó de la práctica de los monjes célticos de comparar el progreso espiritual de una persona (o la falta de éste) con *anam-cara*, un "alma amiga", es decir, un director espiritual. Aunque celebramos el sacramento de la Reconciliación en una forma comunitaria hoy en día, la confesión de los pecados, la aceptación de la penitencia y la absolución todavía se celebran en privado, excepto en casos de emergencia. Esto destaca la importancia de la responsabilidad personal por haber pecado y sus consecuencias, y permite que el confesor diseñe la penitencia que sea más útil según las circunstancias del penitente. "Confiesen, pues, sus pecados uno a otro, y oren los unos por los otros, para que sean salvos" *(Santiago 5, 16).*

Ver *Catecismo de la Iglesia Católica, #1455–1456, 1467.*

Retiro de un minuto

Leer

"La confesión de obras maliciosas es el primer paso para comenzar las buenas obras."

—*San Agustín*

Reflexionar

¿Cuándo he experimentado los beneficios de la confesión?

¿Cómo puedo usar la confesión y la penitencia para ayudar al aumento de mi fe?

Orar

Jesús, alma amiga,
ayúdame a mí y a los niños a verte a ti en el sacerdote que oye nuestras confesiones.
Que aceptemos tu guía amorosa
en la penitencia que recibamos.
Danos el valor
para aceptar la responsabilidad de nuestras
   malas acciones
y la gracia para hacer buenas acciones.
Amén.

Conexión con la biblioteca

Libros para niños
Jesus and the Grumpy Little Man por Carol Greene (Concordia Press).
The Story of Zacchaeus por Marty Rhodes Figley (B. Eerdmans).
    Dos relatos de la historia de Zaqueo para niños.

Libros para adultos
Confession Can Change Your Life por David Knight (St. Anthony Messenger Press).
    Los efectos de la conversión en la vida diaria.

"How to Go to Confession" por Leonard Foley OFM (*Catholic Update*; St. Anthony Messenger Press).

¿Por qué es bueno confesar nuestros pecados? por John Dowling (Ligouri).
    El papel del sacerdote como ministro del sacramento de la Reconciliación.

Why Go to Confession? Questions and Answers About Sacramental Reconciliation por Joseph M. Champlin (St. Anthony Messenger Press).
    Guía revisada del rito penitencial.

Multimedia para niños
Celebrating Our Faith (CD) (producido por GIA; BROWN-ROA).
    Una o más canciones de esta colección se pueden usar para realzar la oración y liturgia en el salón de clases.

Celebrating Reconciliation with Children (serie de vídeos de 6 partes) (producida por Salt River Production Group; BROWN-ROA).
    Segment 5: We Ask Forgiveness está diseñado para usarlo con este capítulo.

A Child's First Penance (vídeo) (Ligouri).
    Este vídeo repasa los pasos del rito penitencial.

Multimedia para adultos
The God Who Reconciles (vídeo) (Franciscan Communications/St. Anthony Messenger Press).
    Este vídeo usa historias, testigos, enseñanzas y canciones para explorar el significado del sacramento de la Reconciliación.

Somos invitados

1. Introducción

Reunión   Invite a los niños a pensar en una historia, película o programa de televisión en que uno de los personajes haya hecho algo a propósito para herir a alguien. Invite a voluntarios a compartir sus ejemplos.

Oración   Recen juntos la oración de entrada. Busque sugerencias de canciones para acompañar la oración de entrada en *Música para rezar*.

Qué hacer con el texto

- Lea en voz alta la pregunta de entrada de esta página. Haga una pausa para que los niños respondan en silencio.

- Siga leyendo el texto de esta página en voz alta. Haga una pausa para que los niños tengan tiempo de reflexionar.
  ¿Qué hace que un error sea un error? (No cometemos errores a propósito.)
  ¿Qué hace que un pecado sea un pecado? (Pecamos cuando hacemos algo malo a propósito.)

Qué hacer con los dibujos

Dirija la atención a la fotografía de los dos niños y su mamá. Invite a voluntarios a describir lo que creen que haya sucedido. (Respuestas posibles: los niños pelearon por un juguete; uno de los niños rompió el juguete del otro.)
¿Qué creen que la mamá le está diciendo a su hijo? (Respuesta posible: que hizo algo malo y debe reparar el juguete.)

Chapter 5

We Ask Forgiveness

Dear God—Father, Son, and Holy Spirit—you call us to make peace when we do wrong. Help us ask forgiveness and do penance. Amen!

Have you ever done something that hurt someone else?

Everyone makes mistakes. Everyone makes wrong choices at some time. When you choose to do something you know is wrong, you sin. Sin is not the same thing as making a mistake.

Capítulo 5

Pedimos perdón

Amado Dios —Padre, Hijo y Espíritu Santo— nos llamas para hacer las paces cuando cometemos errores. Ayúdanos a pedir perdón y hacer penitencia. ¡Amén!

¿Alguna vez has hecho algo que ha herido a alguien? Todos cometemos errores. Todos hemos tomado malas decisiones. Cuando decides hacer algo malo, pecas. Pecar no es lo mismo que cometer un error.

38 : Somos invitados

Centro de recursos

Música para rezar

Algunas sugerencias musicales para realzar esta oración son "Hold Us in Your Mercy", "Nada te turbe (Nothing Can Trouble)" o "Kyrie" del CD *Celebrating Our Faith*.

Sugerencia para la enseñanza

Clarificar conceptos   Algunos niños pueden tener dificultad para distinguir entre un error, un accidente y un pecado. Provea a la clase ejemplos de cada caso apropiados para su edad. Comente cada uno con los niños, pidiéndoles que sugieran por qué la acción era pecaminosa o no, es decir, que se hizo para hacer mal o herir a propósito.

Notas

Pecar hace daño. Te hiere a ti y a los demás. Hacerte **responsable** por tus propias acciones es el inicio para comenzar a sanar esa herida. Admites que has hecho mal. Luego, con la ayuda de Dios, haces algo por corregir el error.

El sacramento de la Reconciliación nos ofrece una manera de admitir que hemos hecho mal. **Confesamos** nuestros pecados. Y el sacramento nos da una manera de corregir los errores con la ayuda de Dios. Se nos da una **penitencia**. Aceptar y llevar a cabo la penitencia es un signo de que queremos ser más amorosos.

Somos invitados : 39

Sin hurts. It hurts you. It hurts others. Part of healing the hurt is taking **responsibility** for your actions. You admit that you did wrong. Then you do something with God's help to make things right.

The Sacrament of Reconciliation gives us a way to admit that we have done wrong. We **confess** our sins. And the sacrament gives us a way to make things right with God's help. We are given a **penance** to do. Accepting and doing our penance is a sign that we want to grow more loving.

Somos invitados
Introducción *continuación*
Qué hacer con el texto

- Lea el texto de esta página en voz alta o resúmalo en sus propias palabras.

- Use *El lenguaje de la fe* para ayudar a clarificar el significado de las palabras en negritas.

- Haga una pausa para que los niños puedan reflexionar sobre el texto.
  ¿Por qué es importante tomar responsabilidad por nuestras acciones?
  (Al tomar responsabilidad, podemos hacer algo por mejorar.)
  ¿Qué sacramento nos da una manera de hacer bien las cosas de nuevo con la ayuda de Dios? (el sacramento de la Reconciliación)
  ¿Qué nos ayuda a hacer la aceptación y realización de una penitencia? (ser más amorosos)

El lenguaje de la fe

- Hacernos **responsables** por nuestras palabras y acciones significa que aceptamos el elogio o la culpa por lo que hemos hecho. Ser responsable por las cosas malas o buenas que hacemos es un signo de que hemos madurado.

- Cuando **confesamos** nuestros pecados, se los decimos en voz alta al sacerdote. La práctica de la confesión individual se deriva de una costumbre monástica irlandesa.

- La **penitencia** que nos da el sacerdote en el sacramento de la Reconciliación es una oración u obra que nos ayudará a hacer bien las cosas. Hacer una penitencia le muestra a Dios que estamos arrepentidos de nuestros pecados y que queremos mejorar.

Sugerencia para la enseñanza

A los niños de esta edad a lo mejor les es todavía difícil aceptar responsabilidad por sus malas acciones. Es común que quieran culpar a alguien más para evitar las consecuencias de su conducta. La responsabilidad moral es un proceso que se aprende durante toda la vida. Elogie a los niños cuando vea que aceptan la responsabilidad de lo que hagan y sea paciente cuando no lo hagan. Parte de su desarrollo moral es aprender a aceptarse a sí mismos, con todas sus imperfecciones. A través de su aceptación incondicional de los niños, ellos comprenderán el amor y la aceptación infinitos de Dios.

Recordamos
2. Desarrollo
Qué hacer con el texto

- Invite a los niños a ponerse cómodos para compartir la historia de las Escrituras.

- Escriba el nombre *Zaqueo* en el pizarrón. Invite a voluntarios para que digan lo que ya saben de esta persona que tuvo un encuentro especial con Jesús.

- Lea en voz alta la historia de esta página o resúmala.

- Ayude a los niños a comentar la parte de la historia que está en esta página.
  ¿Por qué Zaqueo no era popular entre la gente de su pueblo? (Engañaba a la gente. Cobraba mucho dinero por sus impuestos y se quedaba con el dinero que sobraba.)
  ¿Por qué Zaqueo quería ver a Jesús? (Oyó que Jesús sanaba a la gente y perdonaba el pecado.)
  ¿Qué hizo Zaqueo para poder ver a Jesús cuando caminó a su lado? (Trepó un árbol.)

Qué hacer con los dibujos

Dirija la atención a la ilustración de estas páginas. Invite a voluntarios a describir lo que ven.
¿Por qué creen que Zaqueo se señala a sí mismo? (No puede creer que Jesús se hubiera invitado a *su* casa para almorzar.)
¿Por qué la gente murmura? (No comían con pecadores y no pensaban que Jesús debiera hacerlo.)

The Man Who Changed His Life

My name is Zacchaeus. My job is collecting taxes. I've never been very popular because no one likes to pay tax. Also, I'm short, so people sometimes make fun of me. I used to make myself feel better by cheating people. I charged too much tax and kept the extra money for myself.

Then I heard about Jesus, the great teacher. He was very popular. Everybody wanted to see him. I heard he healed people and forgave sins.

One day Jesus came to our town. The crowds were so big I couldn't see, so I climbed a tree. You can imagine how surprised I was when Jesus stopped and looked straight up at me.

"Zacchaeus!" he said, smiling. "Come down! I want to eat lunch at your house today!"

"Me?" I said. "Nobody wants to eat with me!"

"That's right," the people grumbled. "We don't eat with sinners. This man cheats and steals!"

El hombre que cambió su vida

Me llamo Zaqueo. Mi trabajo es recolectar impuestos. Nunca he sido muy popular porque a nadie le gusta pagar impuestos. Además también soy pequeño y por eso la gente se burla de mí. Antes trataba de animarme engañando a los demás. Cobraba demasiado impuesto y me quedaba con el dinero que sobraba.

Pero entonces oí hablar de Jesús, el gran maestro. Era muy popular. Todos querían verlo. Oí que sanaba a la gente y perdonaba los pecados.

Un día, Jesús vino a nuestro pueblo. La muchedumbre era tan grande que no podía ver, así que trepé un árbol. Se pueden imaginar la sorpresa que me llevé cuando Jesús se detuvo y me miró de frente.

—¡Zaqueo! —dijo sonriendo—. ¡Baja! ¡Quiero almorzar en tu casa hoy!

—¿Yo? —dije—. ¡Nadie quiere comer conmigo!

—Es cierto —se quejó la gente—. No comemos con pecadores. ¡Este hombre engaña y roba!

Centro de recursos

Antecedentes de las Escrituras

Esta historia entretenida de conversión y perdón, restitución y curación, se encuentra sólo en el **Evangelio de San Lucas**. Zaqueo, un recolector de impuestos, era despreciado por su colaboración con los romanos, lo cual lo hacía impuro según las normas religiosas. No sólo recolectaba impuestos para los romanos, sino que también le cobraba más de lo debido a la gente para hacerse rico. No era una costumbre común judía el compartir una comida con tal pecador público. Jesús sorprendió al pueblo cuando fue para la casa de Zaqueo y comió con él.

Antecedentes del arte

La ilustración de estas páginas que muestran a Zaqueo en un árbol es una de las imágenes favoritas de esta historia de perdón entre los cristianos de todas las edades. Los cristianos responsables se reconocen a sí mismos en Zaqueo. Buscan la reconciliación y el perdón. La historia también es una lección eterna para la comunidad cristiana, que le recuerda que debe acabar con las barreras que la mantienen alejada del prójimo, sin dejar que se interponga ninguna razón religiosa por muy buena que sea.

Pero Jesús tomó su mano. Casi me caí del árbol. Guié a Jesús derecho a mi casa. Le di a Él y sus amigos un gran almuerzo. Y luego sin planearlo, me puse a llorar.

—Lo siento —le dije a Jesús—. Esa gente tenía razón. Soy un pecador. Engañé y robé. Pero quiero cambiar mi vida. De ahora en adelante, con la ayuda de Dios, no engañaré ni robaré. Y le pagaré el cuádruple a todo el que haya engañado.

Jesús me abrazó. —Hoy —dijo Jesús—, ¡El perdón de Dios ha llegado a esta casa!

—basado en el evangelio de San Lucas 19, 1–10

Recordamos : 41

But Jesus just held out his hand. I nearly fell out of the tree. I led Jesus straight to my house. I fed him and his friends a big lunch. And then before I knew it, I was crying.

"I'm sorry," I told Jesus. "Those people were right. I am a sinner. I did cheat. I did steal. But I want to change my life. From this day on, with God's help, I will never cheat or steal. And I will give back four times the amount to everyone I've ever cheated."

Jesus gave me a hug. "Today," Jesus said, "God's forgiveness has come to this house!"

—based on Luke 19:1–10

We Remember : 41

Recordamos
Desarrollo *continuación*
Qué hacer con el texto

- Siga leyendo en voz alta la historia de las Escrituras de esta página.
- Ayude a los niños a comentar el texto.

¿Por qué se sintió mal Zaqueo después de servirle el almuerzo a Jesús y a sus amigos?
(Zaqueo se comenzó a sentir mal por la manera en que había tratado a la gente.)

Cuando Zaqueo se sintió mal por lo que había hecho, quizo hacer algo para remediarlo. ¿Qué hizo?
(Le dijo a Jesús que estaba arrepentido y quería cambiar su vida.)

¿Cómo mostraría Zaqueo que estaba realmente arrepentido y que quería cambiar su vida?
(Ofreció dar cuatro veces la cantidad que había robado de la gente.)

¿Qué dijo e hizo Jesús para demostrarle a Zaqueo que le creía? (Jesús lo abrazó y le dijo que Dios lo había perdonado.)

¿Cómo creen que Zaqueo trató a la gente después de eso?
(Respuesta posible: La trató con respeto y no la engañó.)

Conexión con la liturgia

Diga a los niños que la historia de Zaqueo a veces se lee en la misa de los domingos. Es una historia tomada del **Evangelio de San Lucas** y que se lee en voz alta por el sacerdote o diácono que preside la misa. La parte de la misa en que escuchamos la palabra de Dios de los Evangelios y de otros libros de la Biblia se denomina *Liturgia de la palabra*. Ayude a los niños a recordar la lectura del evangelio que se hizo en la liturgia del domingo pasado. Anímelos a escuchar la lectura del evangelio siempre que vayan a misa.

Enriquecimiento

Dramatizar la historia de las Escrituras Use o adapte el libreto de las páginas HA9–HA10 para que los niños representen la historia de Zaqueo. Se dan sugerencias para disfraces sencillos y adornos en la página HA8.

Celebramos
Desarrollo *continuación*

Qué hacer con el texto

- Lea el texto de esta página en voz alta.

- Use las siguientes preguntas para ayudar a los niños a comprender lo que sucede en el rito penitencial.
  ¿A quién confesamos nuestros pecados? (al sacerdote)
  Después de confesar nuestros pecados, ¿qué nos ayuda a hacer el sacerdote? (Nos ayuda a hallar maneras de hacer bien las cosas.)
  ¿Qué nos da el sacerdote para ayudarnos a hacer bien las cosas? (una penitencia)

- Ayude a los niños a conectar la penitencia dada por el sacerdote con el pecado o pecados que confesaron. Recuérdeles que una penitencia nos ayuda a mostrar que estamos arrepentidos y que queremos corregir las cosas.

Qué hacer con los dibujos

Dirija la atención a la fotografía del niño hablando con el sacerdote en una celebración comunitaria del sacramento de la Reconciliación. Invite a voluntarios a describir lo que ven en la foto.

Confession and Penance

Zacchaeus confessed his sins to Jesus. Then he promised to return four times the amount of money he had stolen.

In the Sacrament of Reconciliation, we do what Zacchaeus did. We confess our sins to the priest, who acts in the name of Jesus. We talk with the priest about how we can make things right.

The priest gives us a penance to do. The penance may be to spend some time praying. Or it may be an action connected to the sin, such as returning stolen property or helping repair something broken.

La confesión y la penitencia

Zaqueo le confesó sus pecados a Jesús. Luego prometió regresar cuatro veces la cantidad de dinero que había robado.

En el sacramento de la Reconciliación hacemos lo que hizo Zaqueo. Confesamos nuestros pecados al sacerdote, quien actúa en nombre de Jesús. Hablamos con el sacerdote de cómo corregir los errores.

El sacerdote nos da una penitencia. Ésta puede consistir en rezar. O puede ser hacer algo que tenga que ver con el pecado, como regresar lo que se ha robado o ayudar a reparar algo que se haya roto.

42 : Celebramos

Centro de recursos

Sugerencia para la enseñanza

Proveer práctica   Es normal sentirse nervioso cuando se hace algo por primera vez. Para ayudar a los niños a sentirse más cómodos al celebrar este sacramento, tome tiempo para representar el rito penitencial con ellos. Invite a voluntarios para que hagan el papel de penitentes, dándoles o pidiendo a la clase que les dé un "pecado" común y corriente entre alumnos del segundo grado para que lo confiesen. Haga el papel del sacerdote. Representen la confesión del pecado y la aceptación de la penitencia. Asegúrese de que la penitencia que dé esté relacionada con el pecado confesado. Asegúrese de que el niño se sienta lo más cómodo posible, permita que se ría o converse si está nervioso. Invite a otros voluntarios que participen en la dramatización con Ud., si hay suficiente tiempo.

Conexión con la liturgia

- Explique a los niños que debido a que hay mucha gente que quiere confesar sus pecados y aceptar la penitencia en una celebración comunitaria, a menudo hay varios sacerdotes disponibles. Con frecuencia, los sacerdotes se sientan en sitios diferentes de la iglesia. El niño y el sacerdote de la foto anterior están sentados en un sitio de la iglesia donde nadie puede oírlos.

- Explique que esta parte de la celebración siempre se hace en privado entre el sacerdote, quien representa a Jesús, y la persona que se confiesa.

Hacer penitencia nos ayuda a tomar responsabilidad por nuestras acciones. Nos recuerda que debemos pensar dos veces en cómo nuestras decisiones afectarán a otros. La penitencia no es un castigo. Es una manera de aprender y ser más amorosos. La penitencia es tan importante que la celebración del sacramento de la Reconciliación se llama el **rito penitencial**.

Bien sea que celebremos la Reconciliación individual o comunalmente, la confesión y la penitencia casi siempre suceden en forma privada entre el penitente y el sacerdote.

Celebramos : 43

Preguntamos

¿Por qué confesamos nuestros pecados a un sacerdote?

Confesar nuestros pecados en voz alta nos ayuda a tomar responsabilidad por nuestras acciones. Sólo Dios perdona los pecados, pero el sacerdote actúa como ministro de Dios escuchando nuestra confesión, dando la penitencia y animándonos a no pecar en el futuro. El sacerdote nunca podrá decirle a nadie lo que oiga en la confesión.
(Catecismo, #1455–1456, 1457)

Doing penance helps us take responsibility for our actions. It reminds us to think twice about how our choices might hurt others. Penance is not punishment. It is a way to learn and grow more loving. Penance is so important that our celebration of the Sacrament of Reconciliation is called the **Rite of Penance**.

Whether we celebrate Reconciliation individually or communally, confession and the giving of a penance almost always take place privately between the penitent and the priest.

We Ask

Why do we confess our sins to a priest?

Confessing our sins aloud helps us take responsibility for our actions. Only God forgives sin, but the priest acts as God's minister by listening to our confession, giving us a penance, and encouraging us to avoid sin in the future. The priest may never tell anyone what he hears in confession.
(Catechism, #1455–1456, 1467)

We Celebrate : 43

Celebramos
Desarrollo *continuación*
Qué hacer con el texto

- Lea el texto de esta página en voz alta. Use *El lenguaje de la fe* para ayudar a clarificar el significado del *rito penitencial*.
- Enfatice que la penitencia que aceptamos del sacerdote no es un castigo. Es una manera de ayudarnos a crecer en el amor de Dios.
- Explique brevemente las diferencias entre la celebración individual y la comunitaria de la Reconciliación. Refiérase a las páginas 60 y 61 del libro del estudiante. Diga a los niños que las mismas partes importantes del rito están presentes en ambas.

Qué hacer con los dibujos

Pida a los niños que miren la fotografía de esta página. Señale la estola que lleva el sacerdote alrededor de su cuello. Dígales que la estola es un símbolo de que él actúa en nombre de Jesús.

Preguntamos Invite a un voluntario a leer la pregunta en voz alta. Luego lea la respuesta a los niños, haciendo una pausa para ver si comprenden cada parte de la respuesta. Refuerce la idea de que sólo Dios puede perdonar los pecados. Recuérdeles que compartan la pregunta y la respuesta con sus familiares y compañeros de oración.

El lenguaje de la fe

El *rito penitencial* es el nombre oficial del sacramento de la Reconciliación. Se le dio este nombre al sacramento debido a la importancia de aceptar y llevar a cabo la penitencia dada por el sacerdote. Al hacer la penitencia, el penitente demuestra su voluntad de poner fin a su mala acción y cambiar su vida. La penitencia no es la única parte importante del sacramento. Pedir perdón, aceptar la misericordia de Dios y reconciliarse también son importantes en la celebración del sacramento.

Vivimos la Reconciliación
3. Cierre

Qué hacer con la página

- Lea en voz alta las instrucciones. Dé tiempo para que los niños piensen sobre lo que escribirán o dibujarán en cada lado de la vasija.
- Provea materiales para escribir y dibujar y pida a los niños que completen la actividad. Ponga música suave mientras los niños trabajan. Esta página también puede ser asignada como una actividad para la casa.
- Anime a los niños a compartir su trabajo ya terminado ahora o en otra sesión.

Vivir la Reconciliación en la casa

Sugiera estas actividades de seguimiento.

- Con sus familias, hagan una celebración piadosa para celebrar el perdón de Dios.
- Escriban una nota de agradecimiento a Dios, contándole que le agradecen la oportunidad de celebrar la reconciliación por primera vez.

Vivir la Reconciliación en la parroquia

Pida a los niños que completen estas actividades en la clase o la casa con familiares o compañeros de oración.

- Coloreen las páginas 6, 7 y 13 de *Mi libro de la Reconciliación*.
- Con un compañero, practiquen la confesión de los pecados y la aceptación de la penitencia. (No confiesen los pecados de verdad. Usen ejemplos de cosas malas que alguien de su edad haya hecho.)

Prepararse para la Reconciliación

Pida a los niños que trabajen en grupos pequeños para comentar esta pregunta.

¿Qué se celebra en el sacramento de la Reconciliación?

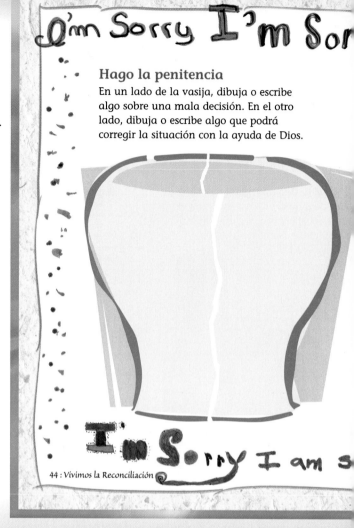

I Do Penance

On one side of the vase, draw or write about a wrong choice. On the other side, draw or write about something that will make things right with God's help.

Hago la penitencia

En un lado de la vasija, dibuja o escribe algo sobre una mala decisión. En el otro lado, dibuja o escribe algo que podrá corregir la situación con la ayuda de Dios.

44 : Vivimos la Reconciliación

Centro de recursos

Conexión con la familia

Distribuya la *Página para compartir* del Capítulo 5 para llevar a la casa. Estimule a los niños a llevar sus libros y folletos de Reconciliación a la casa para compartir con sus familiares.

Conexión con la liturgia

Las páginas 6 y 7 de *Mi libro de la Reconciliación* cubren la confesión general de pecados y la confesión individual y absolución en una celebración comunitaria. La página 13 describe la confesión individual y la penitencia. Repase estas páginas con los niños, familiarizándose con su papel como penitentes en la celebración del sacramento.

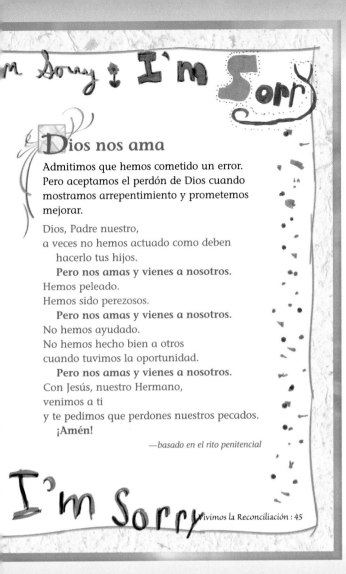

Dios nos ama

Admitimos que hemos cometido un error.
Pero aceptamos el perdón de Dios cuando
mostramos arrepentimiento y prometemos
mejorar.

Dios, Padre nuestro,
a veces no hemos actuado como deben
    hacerlo tus hijos.
    Pero nos amas y vienes a nosotros.
Hemos peleado.
Hemos sido perezosos.
    Pero nos amas y vienes a nosotros.
No hemos ayudado.
No hemos hecho bien a otros
cuando tuvimos la oportunidad.
    Pero nos amas y vienes a nosotros.
Con Jesús, nuestro Hermano,
venimos a ti
y te pedimos que perdones nuestros pecados.
    ¡Amén!

—basado en el rito penitencial

Vivimos la Reconciliación : 45

God Loves Us

We admit that we have
done wrong. But we accept
God's forgiveness when we
show sorrow and promise
to do better.

God our Father,
sometimes we have not
    behaved as your
    children should.
    **But you love us and
        come to us.**
We have quarreled.
We have been lazy.
    **But you love us and
        come to us.**
We have not been helpful.
We have not done good
    to others
when we had the chance.
    **But you love us and
        come to us.**
With Jesus our Brother
we come before you
and ask you to forgive
    our sins.
    Amen!

—based on the Rite of Penance

Vivimos la Reconciliación
Cierre *continuación*
Qué hacer con la página

• Pase un rato con los niños
repasando este capítulo. Pida a
voluntarios que comenten sus
partes favoritas de la lección o las
cosas nuevas que aprendieron.

• Dirija la atención de los niños a
los símbolos que forman el borde
de la página. Invite a voluntarios
a describir la conexión entre estos
símbolos y el contenido del
capítulo.
(El borde está formado por
las palabras "Me arrepiento"
escritas por niños; arrepentirse
por haber pecado es el primer
paso en aceptar responsabilidad,
confesarse y aceptar la penitencia.)

• Pida a los niños que lleven sus
libros al lugar de oración del salón
de clases o a la iglesia. Reúnanse
alrededor de una mesa o en el
salón de Reconciliación. Si es
posible, pida a las familias de los
niños y los compañeros de oración
que se unan a la oración.

Oración Enseñe a los niños el
responsorio de la oración de esta
página: "Pero Tú nos amas y
vienes a nosotros". Guíe a los
niños en la oración, comenzando
y terminando con la Señal de
la Cruz. Vea *Música para rezar*
para conseguir canciones para
acompañar la oración de despedida.

Música para rezar

Algunas canciones que podrían acompañar esta oración de
despedida son "I Will Praise You, Lord", "Change Our Hearts"
o "Amazing Grace". Ud. pudiera elegir una canción del CD
Celebrating Our Faith.

Notas

Capítulo 6

Salimos perdonados y en paz

Resumen del contenido clave

En el sacramento de la Reconciliación celebramos el perdón de Dios, que pedimos en nuestro Acto de Contrición y que nos dan por medio del ministro de la Iglesia en la absolución. La Reconciliación nos hace renovar una relación de gracia con Dios, con la comunidad y con toda la creación.

Planificación del capítulo

Introducción	Guía de duración *Tiempo sugerido/Su tiempo*	Contenido	Objetivos	Materiales
	10–20 min/ _____ **min**	**Somos invitados,** págs. 46–47	• Reconocer la conexión entre expresar arrepentimiento y ser perdonados.	• música para rezar (opcional)

Desarrollo				
	35–45 min/ _____ **min**	**Recordamos,** págs. 48–49	• Recordar el encuentro de Jesús con la mujer cuyos pecados fueron perdonados.	
		Celebramos, págs. 50–51	• Identificar los efectos de la absolución sacramental. • Describir el Acto de Contrición y la oración de absolución en la Reconciliación.	• tarjetas, materiales de arte, imágenes religiosas (opcional)

Cierre				
	15 min/ _____ **min**	**Vivimos la Reconciliación,** págs. 52–53	• Celebrar el don del amor clemente de Dios.	• materiales para escribir o dibujar • *Mi libro de la Reconciliación* • Capítulo 6 *Página para compartir* • copias de los certificados de la preparación, pág. HA11 • música para rezar (opcional) • franjas de papel de colores, materiales para escribir o dibujar, engrapadora (opcional)

Antecedentes del catecismo

Fundación doctrinal El sacramento de la Reconciliación tiene el efecto poderoso de devolver lo que ha sido separado o partido, el lazo de relación de gracia entre cada persona y Dios, la comunidad humana y toda la creación. La referencia a la creación nos puede dar una pausa. Sabemos que pecar rompe nuestra relación con Dios y los demás. Pero, ¿por qué la Iglesia enseña expresamente que la absolución sacramental nos reconcilia con la creación? El desorden, la fractura radical que el pecado lleva a nuestras vidas, se extiende a todas las cosas, porque todas las cosas vienen de las manos de Dios y comparten el mismo destino. Toda la creación debe regresar, en gracia, a la totalidad y la belleza original que el pecado rompió. El regreso final señalará la llegada del reino de Dios en su totalidad. Cada vez que participamos en el sacramento de la Reconciliación, experimentamos una anticipación de la alegría por la cual fuimos creados nosotros y todas las cosas. "Así las criaturas todas están aguardando con grande ansia la manifestación de los Hijos de Dios. Porque se ven sujetas a la vanidad, no de grado, sino por causa de aquel que les puso tal sujeción, con la esperanza. De que serán también ellas mismas libertades de esa servidumbre a la corrupción, para la libertad y gloria de los Hijos de Dios". *(Romanos 8, 19–21).*

> Ver *Catecismo de la Iglesia Católica, #1469.*

Retiro de un minuto

Leer

"Ser sagrado no significa nunca caer en el pecado. Significa ser capaz de decir: Sí, mi Dios, he caído mil veces. Pero gracias a ti me he levantado otra vez, mil y una veces".

—*Dom Helder Camara*

Reflexionar

¿Cuáles son los efectos más importantes de la Reconciliación para mí?

¿Cómo influencia la posibilidad del perdón de Dios mi propio crecimiento en la santidad?

Orar

Amado Dios,
Padre del perdón, Hijo redentor y Espíritu santificador, gracias por el sacramento de la Reconciliación
y por tu llamado a la santidad.
Ayúdame a guiar a estos niños a creer en tu misericordia
y a regresar a ti con confianza
a medida que crecen en la fe y el amor.
Amén.

Conexión con la biblioteca

Libros para niños

Jesus Forgives My Sins por Mary Terese Donze ASC (Liguori).

Un libro de niños sobre la absolución sacramental.

Libros para adultos

Comprendiendo la Reconciliación hoy por Lawrence E. Mick (The Liturgical Press).

Un vistazo del sacramento de la Reconciliación y su significado en nuestras vidas.

The Forgiving Family: First Steps To Reconciliation por Carol Luebering (St. Anthony Messenger Press).

Vivir la gracia de la Reconciliación en la casa.

Your Sins Are Forgiven You: Rediscovering the Sacrament of Reconciliation por George Maloney (Alba House).

Una reflexión sobre el poder transformador de la Reconciliación.

Multimedia para niños

Celebrating Our Faith (CD) (producido por GIA; BROWN-ROA).

Una o más canciones de esta colección se pueden usar para realzar la oración y liturgia en el salón de clases.

Celebrating Reconciliation with Children (serie de vídeos de 6 partes) (producida por Salt River Production Group; BROWN-ROA).

Segment 6: We Go Forth in Pardon and Peace está diseñado para usarlo con este capítulo.

La tabla de patinaje (vídeo) (Franciscan Communications/St. Anthony Messenger Press).

Una parábola de Reconciliación en la familia.

Multimedia para adultos

Lord of Mercy: Reconciliation (vídeo) (BROWN-ROA).

Una celebración del sacramento de la Reconciliación.

Somos invitados
1. Introducción

Reunión   Pida a los niños que piensen en un momento en el que alguien les dijo que estaba arrepentido. Invite a voluntarios a compartir cómo la persona demostró o expresó su arrepentimiento.

Oración   Recen la oración de entrada. Vea *Música para rezar* para canciones sugeridas para acompañar la oración.

Qué hacer con el texto

• Lea en voz alta el texto de esta página. Invite a los niños a nombrar otras maneras en las que podemos decirle a alguien que lo sentimos.

• Lea la última oración en voz alta e invite a voluntarios a contestar. Ayude a los niños a comprender que cuando decimos que lo sentimos, queremos que la otra persona nos diga que somos perdonados.

Qué hacer con los dibujos

Dirija la atención a la fotografía de la mamá y la hija abrazándose. Invite a voluntarios a describir lo que ven.

¿Cómo le muestra la hija a la mamá que está arrepentida?
(abrazándola)

¿Qué podría decir la mamá?
(Respuestas posibles: Te perdono; está bien; yo se que estás arrepentida y te amo).

Chapter 6

We Go Forth in Pardon and Peace

Dear God—Father, Son, and Holy Spirit—you free us from sin when we are sorry. Help us grow in peace and love. Amen!

How do you show someone you are sorry?

You can use words. You can use gestures, like a hug or a handshake. Sometimes tears are a sign that you are sorry.

What do you want to happen when you say you are sorry?

46 : We Are Invited

Capítulo 6

Salimos perdonados y en paz

Amado Dios —Padre, Hijo y Espíritu Santo— nos libras del pecado cuando estamos arrepentidos. Ayúdanos a crecer en paz y amor. ¡Amén!

¿Cómo le demuestras a alguien que estás arrepentido?

Puedes usar palabras. Puedes usar gestos como un abrazo o un apretón de manos. Algunas veces las lágrimas son una señal de que estás arrepentido.

¿Qué deseas que suceda cuando dices que estás arrepentido?

46 : Somos invitados

Centro de recursos

Música para rezar

Algunas sugerencias para realzar esta oración con música son: "Over My Head", "Dona Nobis Pacem (Grant Us Peace)" o "Joyfully Singing" del CD *Celebrating Our Faith*.

Notas

En el sacramento de la Reconciliación demostramos arrepentimiento por los pecados rezando un **Acto de Contrición**. En la oración le decimos a Dios lo arrepentido que estamos de haber pecado y prometemos mejorar.

Cuando decimos que lo sentimos, queremos que se olviden nuestros errores y queremos la oportunidad de comenzar otra vez.

En el sacramento de la Reconciliación celebramos el perdón de Dios. En el nombre de Dios y la Iglesia, el sacerdote nos da la **absolución**. Comenzamos de nuevo con alegría.

Somos invitados : 47

In the Sacrament of Reconciliation, we show sorrow for sin by praying an **Act of Contrition**. In the prayer we tell God how sorry we are for having sinned. We promise to do better.

When we say we are sorry, we want our wrong choices to be forgiven. And we want the chance to start over.

In the Sacrament of Reconciliation, we celebrate God's forgiveness. In the name of God and the Church, the priest gives us **absolution**. We start fresh, with joy.

Somos invitados
Introducción *continuación*
Qué hacer con el texto

- Lea en voz alta el texto de esta página. Use *El lenguaje de la fe* para clarificar los significados de los términos en negritas.
- Invite a los niños a comentar el texto.
  ¿Cómo demostramos nuestro arrepentimiento por pecar en el sacramento de la Reconciliación? (rezando un Acto de Contrición)
  ¿Cómo llamamos a las palabras de perdón que dice el sacerdote en el nombre de Dios y la Iglesia? (absolución)

Qué hacer con los dibujos

Dirija la atención de los niños a la fotografía de esta página. Invite a voluntarios a sugerir lo que creen que sucede en la fotografía. Asegúrese de que los niños comprenden que la mano que estira el sacerdote, es un símbolo de la bendición de la Trinidad. El sacerdote está rezando la oración de absolución.
¿Cómo creen que el niño se siente al escuchar las palabras de absolución? (Respuestas posibles: feliz, lleno de alegría, perdonado, en paz.)

El lenguaje de la fe

- Un ***Acto de Contrición*** es una manera devota de decirle a Dios que estamos arrepentidos por el dolor que hemos causado y que nos proponemos a mejorar. Podemos elegir de muchos libros sugeridos para esta oración o podemos expresar la contrición en nuestras propias palabras.

- La ***absolución*** es el perdón del pecado y el envío del castigo temporal que nos otorgan en el sacramento de la Reconciliación. La oración y el gesto del sacerdote son los símbolos efectivos del perdón de Dios. La palabra *absolver* significa "lavar". Creemos que la absolución que recibimos en el sacramento de la Reconciliación lava todos nuestros pecados.

Recordamos
2. Desarrollo

Qué hacer con el texto

- Invite a los niños a ponerse cómodos para compartir la historia de las Escrituras.

- Lea en voz alta la historia de las Escrituras de esta página. Use un tono de voz atractivo para ayudar a los niños a imaginarse la acción de la historia.

- Después de leer la historia, coméntela con los niños.
  ¿Por qué todos miraban a la mujer? (Sabían que era una gran pecadora y que no había sido invitada al banquete.)
  ¿Por qué fue la mujer al banquete?
  (Tenía que ver a Jesús porque quería que Él supiera que ya no era una pecadora. Había sido perdonada por Dios.)
  ¿Qué hizo ella para mostrar su arrepentimiento?
  (Lavó los pies de Jesús con sus lágrimas, los secó con su cabello y derramó aceites perfumados costosos sobre ellos.)

Qué hacer con los dibujos

Pida a los niños que miren la ilustración de esta página. Ayúdelos a identificar a tres personas en la fotografía: Jesús, la mujer perdonada y Simón.
¿Qué esperan que Simón le diga a esta mujer?
(Respuestas posibles: Deja de hacer eso; ¿Por qué has venido a mi casa sin ser invitada? Déjalo tranquilo; Tú eres una pecadora; ¡Vete!)

The Forgiven Woman

I knew everyone was looking at me. After all, I was known all over town as a terrible sinner. No one had invited me to this banquet at the house of Simon, a holy man.

But I had to see Jesus. I had to let him know that I wasn't a sinner anymore. I had been given the great gift of God's loving forgiveness.

I couldn't help it. As soon as I saw Jesus, I fell down before him. My tears washed the dust from his feet. My hair dried them. Then I poured sweet perfumed oil on his feet. The jar had cost me everything I had in the world, but it was worth it.

La mujer perdonada

Sabía que todos me miraban. Después de todo era conocida por todo el pueblo como una pecadora terrible. Nadie me había invitado a este banquete en la casa de Simón, un hombre sagrado.

Pero tenía que ver a Jesús. Tenía que hacerle saber que ya no era una pecadora. Me habían dado el gran don del perdón bondadoso de Dios.

No podía evitarlo. Tan pronto vi a Jesús me arrodillé ante Él. Mis lágrimas limpiaron el polvo de sus pies. Mi cabello los secó y luego derramé aceites perfumados sobre sus pies. La jarra me había costado todo lo que tenía en el mundo pero valía la pena.

48 : Recordamos

Centro de recursos

Antecedentes de las Escrituras

La única versión de una historia de sanar de Lucas que se halla en los cuatro Evangelios, describe a algunos fariseos tratando de probar si Jesús es o no un profeta verdadero. Si lo es, entonces Él sabrá que la mujer es una gran pecadora y de acuerdo a la ley judía, Él no permitirá que se le acerque. Sin embargo, a pesar de que Jesús no hace lo que espera Simón, un fariseo, Él muestra que es un gran profeta y más. Jesús reconoce que la mujer debe ser perdonada porque su amor hacia Él es grande. Y Jesús es capaz de leer el corazón de Simón, su anfitrión. Jesús se concentra en el derrame de amor en vez de la maldad de la mujer.

Antecedentes del arte

La ilustración de estas páginas muestra escenas en la casa de Simón donde Jesús asiste a un banquete. La mujer sin invitación, ha lavado los pies de Jesús con sus lágrimas y los seca con su cabello. Era una costumbre que el anfitrión suministrara agua para que los invitados se lavaran los pies. Era una señal de hospitalidad y amistad. A los invitados también se les hacía la unción con aceite en sus cabezas y se les daba un beso. Pero Simón no le dio a Jesús ninguno de estos gestos cordiales. En cambio, fue una mujer considerada por muchos como una gran pecadora, la que le dio a Jesús estos gestos de amor habituales y más, al lavarle sus pies.

Yo se lo que estás pensando Simón —dijo Jesús a su conmovido anfitrión. ¿Cómo puedo permitir que este gran pecador esté cerca de mí? Pero por sus lágrimas y su amor me doy cuenta que ha sido perdonada.

Si, pero... —balbuceó Simón.

Piensa de esta manera —dijo Jesús. Qué sucedería si dos personas te deben dinero —una bastante y otra un poco. Le dices a las dos que no tienen que pagar. ¿Cuál estará más agradecida?

Simón comenzó a comprender. La persona que ha sido más perdonada estará más feliz —dijo Él.

Esta mujer ha hecho más por mí que tú —dijo Jesús. Así es como se cuánto la han perdonado.

Jesús me miró con benevolencia. Tus pecados son perdonados —dijo Él. Ahora ve en paz. Mientras caminaba por el corredor de Simón y todos me observaban, levanté mi cabeza y sentía que bailaba.

—*basado en el evangelio de San Lucas 7, 36–50*

Recordamos : 49

"I know what you're thinking, Simon," Jesus said to his shocked host. "How can I let this great sinner anywhere near me? But I can tell by her tears and her love that she has been forgiven."

"Yes, but . . ." Simon sputtered.

"Think of it this way," Jesus said. "What if two people owe you money— one a lot and one a little. You tell both of them they don't have to pay. Which one is going to be more grateful?"

Simon began to understand. "The person who has been forgiven more will be happier," he said.

"This woman has done more for me than you did," Jesus said. "That's how I know how much she has been forgiven."

Jesus looked at me with kindness. "Your sins are forgiven," he said. "Now go in peace." As I walked out of Simon's great hall with everyone's eyes on me, I held my head up. I felt like dancing.

—*based on Luke 7:36–50*

Qué hacer con los dibujos

Dirija la atención a la parte de la ilustración grande de esta página. Invite a voluntarios a que sugieran qué personas podrían ser.

¿Qué creen que lleva la mujer en la cabeza?

(Ayude a los niños a reconocer que es un recipiente de comida grande para servir en el banquete. Esta fue, y aún es, una manera común de llevar objetos pesados en algunas partes del mundo.)

Qué hacer con el texto

- Continúe leyendo la historia de las Escrituras.

- Ayude a los niños a comentar la historia haciendo estas preguntas.

  ¿Por qué estaba enojado Simón por la forma en que Jesús trataba a la mujer?

  (No creía que era correcto que una mujer pecadora estuviera cerca de Jesús.)

  ¿Qué dijo Jesús sobre la mujer?

  (que había sido perdonada por muchos pecados y que estaba agradecida)

  ¿Qué le dijo Jesús a la mujer?

  (Tus pecados son perdonados. Puedes ir en paz.)

  ¿Cómo hicieron las palabras y acciones de Jesús sentir a la mujer?

  (Respuestas posibles: en paz, llena de alegría, amada.)

Conexión con la liturgia

Algunas veces se describe a la misa, la celebración de la Eucaristía, como un banquete. Un banquete es mucho más que una comida. Es un festín elaborado dado en honor a alguien o para marcar un gran logro. La misa es un festín elaborado en el que somos alimentados con la palabra de Dios y con el Cuerpo y la Sangre de Cristo. Es Dios, nuestro Padre, a quien honramos en este gran festín por los muchos dones que nos ha concedido, especialmente el gran don de Jesús. La celebración de la Eucaristía también se describe como una anticipación del banquete celestial en el que todos participaremos algún día en el cielo.

Celebramos

Desarrollo *continuación*

Qué hacer con el texto

- Lea en voz alta o resuma el texto de esta página. Use *El lenguaje de la fe* para clarificar el significado de la palabra *letanía*.

- Explique a los niños que cualquier oración de contrición o arrepentimiento, se acepta en el sacramento de la Reconciliación. También podemos usar nuestras propias palabras en una oración de contrición.
¿Por qué creen que es necesario que recemos una oración de arrepentimiento en el sacramento de la Reconciliación?
(Demuestra que estamos arrepentidos, queremos el perdón de Dios y prometemos mejorar).

- Recuerde a los niños que en una celebración comunitaria del sacramento, la comunidad parroquial está presente. Al rezar juntos una letanía de arrepentimiento, todos los presentes admiten que han pecado, muestran arrepentimiento y prometen mejorar.

Qué hacer con los dibujos

Dirija la atención de los niños a la fotografía de esta página. Invite a voluntarios a describir lo que ven.
¿Qué tipo de oración podría estar en la parte de atrás de la tarjeta sagrada que sostiene el niño en la fotografía?
(un Acto de Contrición)
¿Qué ven en el frente de la tarjeta sagrada?
(una fotografía de Jesús consolando a alguien que está arrepentido de haber pecado)

Contrition and Absolution

Contrition, or sorrow for sin, is necessary for accepting God's forgiveness. In the Sacrament of Reconciliation, we show contrition in the words of a prayer. There are many versions of the Act of Contrition, but each one says the same thing. We have sinned. We are sorry. We ask God's forgiveness. We promise to do better.

In a communal celebration of the sacrament, our prayer of contrition is followed by a **litany** spoken by the whole group. The Lord's Prayer always concludes the litany. In individual celebrations, the penitent prays an Act of Contrition after confessing and receiving a penance.

La contrición y la absolución

La contrición, o arrepentirse por haber pecado, es necesaria para aceptar el perdón de Dios. En el sacramento de la Reconciliación, mostramos la contrición en las palabras de una oración. Hay muchas versiones del Acto de Contrición, pero cada una dice lo mismo. Hemos pecado. Estamos arrepentidos. Pedimos el perdón de Dios. Prometemos mejorar.

En una celebración comunitaria del sacramento, después de la oración de contrición sigue una **letanía** que la dice todo el grupo. El Padrenuestro siempre concluye la letanía. En las celebraciones individuales, el penitente reza el Acto de Contrición después de confesarse y recibir una penitencia.

50 : Celebramos

Centro de recursos

El lenguaje de la fe

Una *letanía* es una forma de oración en la que se intercalan peticiones o intercesiones cortas con un refrán. Este tipo de oración se originó en las liturgias de los ritos orientales, que aún mantienen numerosas letanías. El *Kirie* en la misa es un ejemplo de una letanía que se originó en el este. Las intercesiones generales de la misa también se rezan en la forma de letanía.

Enriquecimiento

Hacer una tarjeta de oración   Suministre tarjetas en blanco y materiales de arte (incluyendo, si lo desea, imágenes de tarjetas sagradas y tarjetas de Navidad recicladas), y pida a los niños que hagan sus propias tarjetas de oración con un Acto de Contrición. Los niños pueden decorar el lado contrario de la tarjeta con recortes o dibujos de fotografías religiosas o símbolos de perdón. Vea la página 55 para textos de oración.

El sacramento de la Reconciliación casi siempre incluye una absolución privada del penitente por el sacerdote. Sosteniendo la mano como un signo de la bendición del Espíritu Santo, el sacerdote reza: —Por el clero de la Iglesia, que Dios te **perdone** y te dé paz, y te absuelvo de tus pecados en el nombre del Padre, del Hijo y del Espíritu Santo. Nosotros contestamos: —Amén.

La celebración casi siempre termina con una canción de gozo o una oración de gracias a Dios. Al igual que la mujer que Dios perdonó, nosotros estamos rebosados de agradecimiento por el amor y la misericordia de Dios. Nos vamos en paz.

Preguntamos

¿Qué logramos con el sacramento de la Reconciliación?

El sacramento de la Reconciliación nos ofrece exactamente lo que su nombre describe. A través de la confesión y absolución sacramentales, nos **reconciliamos**, es decir, nos unimos de nuevo con Dios. Esa reconciliación tiene otros efectos. Nos reconciliamos con nuestra propia conciencia y así sentimos paz interna. Nos reconciliamos con los demás, especialmente con aquéllos que hemos herido. Nos reconciliamos con la comunidad cristiana, fortaleciendo la Iglesia. Y nos reconciliamos con toda la creación de Dios.

(Catecismo, #1469)

Celebramos : 51

The Sacrament of Reconciliation almost always includes private absolution of the penitent by the priest. Holding out his hand as a sign of the Holy Spirit's blessing, the priest prays, "Through the ministry of the Church, may God give you **pardon** and peace, and I absolve you from your sins in the name of the Father, and of the Son, and of the Holy Spirit." We answer, "Amen."

Our celebration almost always ends with a joyful song or prayer of thanks to God. Like the woman whom Jesus forgave, we are overflowing with gratitude for God's love and mercy. We go forth in peace.

We Ask

What does the Sacrament of Reconciliation do for us?

The Sacrament of Reconciliation does exactly what its name describes. Through sacramental confession and absolution, we are **reconciled**, or brought back together, with God. That reconciliation has other effects. We are reconciled with our own conscience, allowing us to feel inner peace. We are reconciled with others, especially those whom we have hurt. We are reconciled with the Christian community, making the whole Church stronger. And we are reconciled with all God's creation.

(Catechism, #1469)

Celebramos
Desarrollo *continuación*
Qué hacer con el texto

- Lea en voz alta o resuma el texto de esta página. Use *El lenguaje de la fe* para clarificar el significado de la palabra *perdón*.

- Invite a los niños a reflexionar sobre y comentar el texto.
¿Qué pide el sacerdote para nosotros en la oración de absolución? (perdón y paz)
¿De qué nos absuelve?
(de nuestros pecados)
¿En nombre de quién nos absuelve?
(en el nombre del Padre, del Hijo y del Espíritu Santo)

Qué hacer con los dibujos

Dirija la atención a la fotografía al final de esta página.
¿Por qué creen que este grupo de niños y adultos están cantando?
(Acaban de celebrar el sacramento de la Reconciliación y cantan una canción alegre. Están llenos de agradecimiento por el amor y la misericordia de Dios.)

- **Preguntamos** Invite a un voluntario a leer en voz alta la pregunta. Luego, lea la respuesta a los niños haciendo pausas para asegurarse de que ellos comprenden cada oración. Use *El lenguaje de la fe* para repasar el significado de ser *reconciliado*. Recuerde a los niños que compartan esta pregunta y respuesta con sus familiares y compañeros de oración.

El lenguaje de la fe

- El término **perdón** significa "indulgencia" o "eximir del castigo". Quizás los niños estén familiarizados con los usos seculares de esta palabra como decir "perdóname" cuando se interrumpe o se molesta a alguien, o un delincuente recibiendo el perdón (exoneración de la sentencia) de un tribunal superior o del gobernador.

- Recuerde a los niños que ser **reconciliado** significa ser regresado en paz. La misma palabra que le da su nombre al sacramento de la Reconciliación también se usa comúnmente para describir la reunión de familiares separados o la construcción de la paz entre naciones.

Antecedentes catequistas

El sacramento de la Reconciliación involucra muchos conceptos que no están dentro del dominio de los jóvenes. Cuando enseñe las partes diferentes del rito, enfatice siempre la abundancia del amor, la misericordia y el perdón de Dios para cada uno de nosotros, sin importar lo terrible de nuestros pecados. Desapruebe cualquier idea de que Dios siempre está tratando de agarrarnos en un pecado o que Dios ya no nos ama cuando pecamos. Enseñar de palabra y ejemplo de que Dios es un Dios de amor que mantiene su promesa para nosotros sin importar qué, creará una actitud positiva en los niños hacia el pecado, el perdón y el sacramento de la Reconciliación.

Vivimos la Reconciliación
3. Cierre
Qué hacer con la página

- Lea las instrucciones en voz alta. Dé tiempo a los niños para que piensen en lo que escribirán para la actividad de oración.

- Provea materiales para escribir y dibujar y pida a los niños que escriban la oración. Ponga música suave mientras los niños trabajan. Esta página también puede asignarse como una actividad para la casa.

- Anime a los niños para que cuando terminen, compartan su trabajo ahora o durante la celebración de la oración de despedida.

Vivir la Eucaristía en la casa

Sugiera estas actividades de seguimiento.

- Comenten como una familia lo que significa estar arrepentido de tomar una mala decisión.

- Recen cada noche antes de ir a la cama, su propio Acto de Contrición o cualquier oración de arrepentimiento.

Vivir la Eucaristía en la parroquia

Pida a los niños que completen estas actividades en la clase o en la casa con sus familiares o compañeros de oración.

- Coloreen las páginas 6–9 y 14–16 de *Mi libro de la Reconciliación*.

- Aprendan un Acto de Contrición y las oraciones y los responsorios asociados con el rito de despedida del sacramento de la Reconciliación.

Prepararse para la Primera Comunión

Pida a los niños que trabajen en grupos pequeños para comentar esta pregunta.

¿Cómo mejorará el sacramento de la Reconciliación sus relaciones con Dios, sus familiares y amigos?

I Promise to Do Better

On the lines, write your own Act of Contrition. Then decorate the frame with joyful colors.

Prometo mejorar

En las líneas, escribe tu propio Acto de Contrición. Luego decora el borde con colores alegres.

52 : Vivimos la Reconciliación

Centro de recursos
Conexión con la familia

Distribuya la *Página para compartir* del Capítulo 6 para que se la lleven a casa. Anime a los niños a que se lleven sus libros y folletos de la Reconciliación para la casa para que los compartan con sus familiares y los guarden como recuerdos.

Conexión con la liturgia

Las páginas 6–9 y 14–16 de *Mi libro de la Reconciliación* cubren las oraciones y acciones asociadas con el Acto de Contrición, la absolución y el rito de despedida del sacramento de la Reconciliación. Repase estas páginas con los niños ayudándolos a familiarizarse con las oraciones y los responsorios. Vea la página 55 del libro del estudiante para oraciones que se pueden usar como un Acto de Contrición.

¡Gracias, Señor!

Damos gracias a Dios por el sacramento de la Reconciliación.

Dios y Padre de todos nosotros,
nos has perdonado nuestros pecados.
¡Gracias por tu misericordia!
Nos has dado tu paz.
¡Gracias por tu misericordia!
Ayúdanos a perdonarnos unos a otros.
¡Ayúdanos a ser misericordiosos!
Ayúdanos a trabajar por la paz
del mundo.
Ayúdanos a compartir la paz.
¡Amén!

—basado en el rito penitencial

Vivimos la Reconciliación : 53

Thank You, God!

We thank God for the Sacrament of Reconciliation.

God and Father of us all,
you have forgiven our sins.
**Thank you for
your mercy!**
You have given us your
peace.
**Thank you for
your peace!**
Help us forgive one
another.
Help us show mercy.
Help us work together for
peace in the world.
Help us share peace.
Amen!

—based on the Rite of Penance

We Live Reconciliation : 53

Vivimos la Reconciliación
Cierre *continuación*
Qué hacer con la página

- Pase unos momentos repasando este capítulo con los niños. Invite a voluntarios a que compartan sus partes favoritas de la lección.

- Dirija la atención de los niños a los símbolos usados en el borde de la página. Invite a voluntarios a describir la conexión entre estos símbolos y el tema del capítulo. (La cadena rota es un símbolo de la exoneración del pecado que llega con la absolución. La mariposa, que sale del capullo, es un símbolo de la vida nueva que celebramos en el sacramento de la Reconciliación.)

- Pida a los niños que lleven sus libros al sitio de oración del salón de clases o a la iglesia. Reúnanse alrededor de una mesa o en la capilla eucarística o en el santuario principal. Si es posible, pida a las familias y a los compañeros de oración de los niños que se unan en la oración.

- Quizás quiera hacer copias y completar el certificado para la preparación de la Primera Reconciliación de la página HA11 para cada niño. Una vez terminados los certificados, distribúyalos a los niños en el servicio de oración de despedida.

Oración Enseñe a los niños los responsorios a la oración de esta página: *¡Gracias por tu misericordia! ¡Gracias por tu paz! Ayúdanos a ser misericordiosos. Ayúdanos a compartir la paz.* Guíe a los niños en la oración comenzando y terminando con la Señal de la Cruz. Para sugerencias de canciones para acompañar esta oración de despedida, vea *Música para rezar.*

Música para rezar

Si los niños están aprendiendo una canción de acción de gracias para la celebración de su Primera Reconciliación, pídales que la canten como parte de la oración de despedida. Quizás quiera elegir una canción del CD de *Celebrating Our Faith.*

Enriquecimiento

Hacer y romper una cadena Dé a cada niño un pedazo de papel de colores de 1" × 5". Pida a cada niño que escriba en el papel un mal hábito que le gustaría romper como pelear con familiares o ser flojo. (Recuerde a los niños que **no** pongan sus nombres en los papeles). Reúna los pedazos de papel de colores y engrápelos con el lado que está escrito hacia adentro, uniendo los enlaces de una cadena. Pida a los niños que se alineen como en el juego donde dos equipos tiran de una cuerda en cada extremo, y como símbolo de la intención de mejorar, tiren de la cadena de papel hasta que se rompan sus enlaces.

Notas

_____

_____

_____

_____

_____

_____

Oraciones católicas

Estas páginas contienen los textos de varias oraciones católicas tradicionales. Refiera a los niños a esta sección cuando quiera reforzar su conocimiento con estas oraciones. Incorpore éstas en las oraciones de entrada y despedida para cada capítulo.

La Señal de la Cruz

Siempre comience y termine la oración del salón de clases con la Señal de la Cruz. Si es necesario, haga el gesto tradicional de persignarse para los niños.

El Padrenuestro

- Pida a los niños que sugieran gestos sencillos para acompañar las frases de la oración.
- Recuerde a los niños escuchar el Padrenuestro en la misa y en la Reconciliación comunitaria y que se unan al rezo.

El Avemaría

- Ponga una música del Avemaría para los niños.
- Diga a los niños que esta oración a la madre de Jesús es parte de muchas devociones católicas tradicionales.

Gloria (Doxología)

Explique a los niños que la palabra *doxología* significa "palabras de oración".

Oraciones católicas

La Señal de la Cruz

En el nombre del Padre,
del Hijo
y del Espíritu Santo.
Amén.

El Padrenuestro

Padre nuestro, que estás en el cielo,
santificado sea tu nombre;
venga a nosotros tu reino;
hágase tu voluntad en la tierra como en el cielo.
Danos hoy nuestro pan de cada día
y perdona nuestras ofensas
como nosotros perdonamos a los que nos ofenden.
No nos dejes caer en tentación
y líbranos del mal.
Amén.

El Avemaría

Dios te salve, María, llena eres de gracia;
el Señor está contigo.
Bendita tú eres entre todas las mujeres
y bendito es el fruto de tu vientre, Jesús.
Santa María, Madre de Dios,
ruega por nosotros, pecadores,
ahora y en la hora de nuestra muerte.
Amén.

El Gloria (Doxología)

Gloria al Padre,
y al Hijo,
y al Espíritu Santo,
como era en un principio,
ahora y siempre,
por los siglos de los siglos.
Amén.

54 : Oraciones católicas

Centro de recursos

Antecedentes

La Señal de la Cruz Hacer la cruz en nuestro cuerpo o la frente de otro, ha sido un gesto cristiano común desde los primeros siglos de la Iglesia. Las palabras de esta oración tradicional imitan el rito del Bautismo.

El Padrenuestro Esta oración tiene sus raíces en las Escrituras. En los evangelios de San Mateo *(San Mateo 6, 9–13)* y San Lucas *(San Lucas 11, 2–4)*, Jesús enseña una forma de esta oración a sus discípulos. Esta oración la usan todos los cristianos de muchas formas. El Padrenuestro se reza en la misa, en las celebraciones comunitarias del sacramento de la Reconciliación y como parte del rosario.

El Avemaría La primera parte de esta oración se usaba como una antífona en el Oficio de nuestra Señora, una forma de la Liturgia de las Horas que se rezaba durante la Edad Media. La antífona combina el saludo del Ángel Gabriel en la anunciación *(San Lucas 1, 26–28)* con las palabras de alabanza de Isabel por la maternidad de María *(San Lucas 1, 42)*. La segunda parte de la oración se agregó como la creciente devoción a María.

Gloria Esta oración de alabanza antigua es parte del rosario y se usa para concluir la oración o el canto de un salmo en la Liturgia de las Horas.

Yo confieso

Yo confieso ante Dios todopoderoso
y ante ustedes hermanos,
que he pecado mucho de pensamiento,
palabra, obra y omisión.
Por mi culpa, por mi culpa,
por mi gran culpa.
Por eso ruego a Santa María, siempre Virgen,
a los ángeles, a los santos, y a ustedes hermanos,
que intercedan por mí
ante Dios, nuestro Señor.

Acto de contrición

Dios mío,
con todo mi corazón me arrepiento de todo el mal
que he hecho y de todo lo bueno que he dejado de hacer.
Al pecar, te he ofendido a Ti, que eres el Supremo Bien
y digno de ser amado sobre todas las cosas.
Propongo firmemente, con la ayuda de tu gracia,
hacer penitencia, no volver a pecar y huir
de las ocasiones de pecado.
Señor, por los méritos de la pasión de nuestro Salvador
Jesucristo, apiádate de mí.

La oración de Jesús

Señor Jesús, Hijo de Dios,
ten misericordia de mí, un pecador.
Amén.

Yo confieso (Confiteor)

- Explique a los niños que muchos católicos ancianos conocen esta oración por su nombre latín que significa "Yo confieso".

- Recuerde a los niños que algunas veces esta oración se usa como parte del rito penitencial en la misa.

- Muestre a los niños cómo realizar el gesto antiguo de golpearse el pecho con las palabras "por mi culpa". Este gesto de golpearse el pecho, encima del corazón con el puño cerrado, es un símbolo de arrepentimiento de los pecados y humilla la aceptación de responsabilidad.

Acto de Contrición

- Diga a los niños que ésta es una forma que se usa comúnmente de la oración que el penitente reza durante la celebración individual de la Reconciliación.

- Si los niños aún no lo han hecho, pídales que hagan unas tarjetas de oración con las palabras de esta oración para que las usen como recuerdos.

- Explique a los niños que cualquiera de las oraciones de esta página se pueden usar como un Acto de Contrición.

El Padrenuestro

- Diga a los niños que esta oración corta basada en las palabras de un mendigo buscando la cura de Jesús, se usa a menudo para expresar el arrepentimiento de los pecados.

- Sugiera a los niños que aprendan de memoria esta oración.

Antecedentes

Yo confieso Esta oración de una u otra forma, ha sido parte de la liturgia de la Iglesia desde la Edad Media. Siendo una vez parte de las oraciones al pie del altar recitada por el sacerdote como una señal de humildad e indignidad, esta oración se ha formado de nuevo en un Acto de Contrición elocuente que reconoce la naturaleza comunitaria del viaje penitencial.

Acto de Contrición Además de este texto, el rito penitencial ofrece como opciones ocho Actos de Contrición adicionales más el Padrenuestro. Tres de los textos opcionales se toman de las declaraciones de penitencia de las Escrituras: *Salmos 25, 6–7; Salmos 50, 4–5* y *San Lucas 15, 18; 18, 13.* El penitente también es libre de expresar contrición y un propósito de enmienda en sus propias palabras.

El Padrenuestro Esta oración en su forma actual llega de la tradición ortodoxa donde aún se usa a menudo. En una época, estaba asociada con un tipo de oración contemplativa conocida como *Hesychasm* o "la oración del corazón" que involucraba la repetición de la oración coordinada con la respiración.

Nuestra guía moral

Estas páginas contienen información importante para que los niños usen al examinar sus conciencias y tomar decisiones correctas. Ayude a los niños a familiarizarse con este material.

El Mandamiento Nuevo

Repase este mandamiento central con los niños como Jesús hubiera podido escuchar las Escrituras repasadas en la sinagoga. Pronuncie despacio y significativamente cada frase y pida a los niños que la repita de la misma manera después de Ud.

Las Bienaventuranzas

- Repase con los niños las Bienaventuranzas. Recuerde a los niños que la palabra *bienaventuranza* significa "beatitud".

- Ayude a los niños a comprender lo que quiere decir cada una de las cualidades que describe Jesús. (Algunas sugerencias: *pobre de espíritu*, creer en Dios; *los que lloran*, compartir el dolor de los demás; *los mansos*, humildes no se jactan; *los que tienen hambre y sed de justicia*, que trabajan por la santidad y la justicia; *los misericordiosos*, clementes, bondadosos; *limpios de corazón*, honestos, modestos, devotos; *los que buscan la paz*, ayudan a las personas a resolver sus diferencias; *perseguidos por causa de la justicia*, capaces de levantarse por lo que es correcto.) Luego, pida a voluntarios que sugieran las maneras en que los niños pueden vivir estas cualidades en sus vidas diarias.

Nuestra guía moral

El Mandamiento Nuevo del Señor

"Amarás al Señor, tu Dios, con todo tu corazón, con toda tu alma, con toda tu fuerza, y con toda tu mente; y a tu prójimo como a ti mismo."

—San Lucas 10, 27

Las Bienaventuranzas

"Bienaventurados los pobres de espíritu,
    porque de ellos es el reino de los cielos.
Bienaventurados los que lloran,
    porque ellos serán consolados.
Bienaventurados los mansos,
    porque ellos poseerán en herencia la tierra.
Bienaventurados los que tienen hambre y sed de justicia,
    porque ellos serán saciados.
Bienaventurados los misericordiosos,
    porque ellos alcanzarán misericordia.
Bienaventurados los limpios de corazón,
    porque ellos verán a Dios.
Bienaventurados los que buscan la paz,
    porque ellos serán llamados hijos de Dios.
Bienaventurados los perseguidos por causa de la justicia,
    porque de ellos es el reino de los cielos."

—San Mateo 5, 3–10

Centro de recursos

Antecedentes de las Escrituras

- El **Mandamiento Nuevo** aparece en formas diferentes en dos Evangelios **(San Mateo 22, 37–39** y **San Lucas 10, 27)**. La versión que se da aquí es de San Lucas. El Mandamiento Nuevo también se enumeraba en **Deuteronomio 6, 4** y **Levítico 19, 18**. Aún permanece como parte honrada de la enseñanza judía.

- Los cristianos tradicionalmente le dan el título de **Bienaventuranzas** a las ocho enseñanzas de Jesús presentadas en **San Mateo 5, 3–10**. La fórmula "Bienaventurados los…" sucede a menudo en la literatura sabia del Antiguo Testamento. Allí, dentro del contexto del Sermón de la montaña, Jesús usa una tradición familiar a sus oyentes judíos para anunciar los valores del reino de Dios.

Antecedentes catequistas

Para más información sobre el lugar del Mandamiento Nuevo y las Bienaventuranzas al conducir la moralidad cristiana y formar la conciencia, vea el *Catecismo de la Iglesia Católica* (#2055, el Mandamiento Nuevo y #1716–1729, las Bienaventuranzas).

Los Diez Mandamientos

1. **Yo soy el Señor, tu Dios. No tendrás a dioses ajenos delante de mí.**
   Pon a Dios ante todas las cosas en tu vida.

2. **No tomarás el nombre de Dios en vano.**
   Respeta el nombre de Dios y las cosas sagradas. No uses palabras malas.

3. **Acuérdate de santificar el día del Señor.**
   Participa en la misa los domingos y días sagrados. En estos días, no trabajes sin necesidad.

4. **Honra a tu padre y a tu madre.**
   Obedece y muestra respeto a tus padres y a otras personas que son responsables de ti.

5. **No matarás.**
   No lastimes ni a ti mismo ni a otros. Cuida todas las formas de vida.

6. **No cometerás adulterio.**
   Respeta el matrimonio y la vida de familia. Respeta tu cuerpo y los cuerpos de los demás.

7. **No robarás.**
   Respeta la creación y las cosas que pertenecen a otras personas. No hagas trampas.

8. **No dirás falso testimonio contra tu prójimo.**
   Di la verdad. No seas chismoso.

9. **No codiciarás la mujer de tu prójimo.**
   Sé fiel a tus parientes y amigos. No seas celoso.

10. **No codiciarás los bienes de tu prójimo.**
    Comparte lo que tienes. No seas envidioso de las posesiones de otros. No seas codicioso.

Los Diez Mandamientos

- Repase con los niños los Diez Mandamientos. Asegúrese de que los niños comprenden lo que les pide cada mandamiento.

- Haga un mural o una escultura de las tablas con los Diez Mandamientos. Coloque los tres primeros mandamientos (amar a Dios) en la tabla de la izquierda y los otros siete (amar al prójimo) en la tabla de la derecha.

- Ayude a los niños a desarrollar un examen de conciencia basado en los Diez Mandamientos. Asegúrese de que las preguntas son adecuadas para la edad y las circunstancias de los niños.

Nuestra guía moral : 57

Antecedentes de las Escrituras

Los **Diez Mandamientos** se enumeran en el **Éxodo 20, 2–17** y **Deuteronomio 5, 6–21**. Hay diferencias ligeras entre las dos formas y ninguna es consistente con la redacción y la numeración que se dan aquí. La redacción y la numeración tradicionalmente familiares a los católicos y los luteranos los divisó San Agustín; otras comunidades cristianas enumeran diferente a los mandamientos. Sin embargo, a pesar de estas diferencias, los Diez Mandamientos siguen expresando el corazón de la ley de Dios para todas las personas.

Antecedentes catequistas

La Parte III, Sección Dos del *Catecismo de la Iglesia Católica*, se dedica a una presentación detallada de la relación entre los Diez Mandamientos y la moral de la vida cristiana.

Preceptos de la Iglesia

- Repase esta lista con los niños. Asegúrese de que comprenden cómo se aplican los preceptos a sus propias circunstancias.
- Vea el boletín parroquial o el periódico diocesano con los niños, señalando ejemplos de los preceptos en acción.

Obras de misericordia

- Repase estas listas con los niños.
- Invite a los niños a representar ejemplos de cómo pueden practicar las obras de misericordia.

Preceptos de la Iglesia

1. Participa en la misa los domingos y los días sagrados. Considera como sagrados estos días y evita el trabajo no necesario.
2. Celebra el sacramento de la Reconciliación por lo menos una vez al año si tienes pecados graves.
3. Recibe la sagrada Comunión por lo menos una vez al año durante la Pascua.
4. Ayuna y guarda abstinencia en los días de penitencia.
5. Ofrece tu tiempo, tus habilidades y tu dinero para apoyar a la Iglesia.

Las obras de misericordia

Corporales (para el cuerpo)
Da de comer a los hambrientos.
Da de beber a los sedientos.
Viste a los desnudos.
Da posada al peregrino.
Visita a los enfermos.
Visita a los encarcelados.
Entierra a los muertos.

Espiritual (para el espíritu)
Advierte al pecador.
Enseña al ignorante.
Aconseja a los que dudan.
Consuela a los tristes.
Soporta las injusticias con paciencia.
Perdona las injurias.
Ora por los vivos y los muertos.

58 : Nuestra guía moral

Centro de recursos

Antecedentes

- Los **preceptos de la Iglesia** reflejan los derechos y las responsabilidades de todos los católicos. Los preceptos (una palabra que significa "enseñanzas"), han existido de alguna manera desde el siglo cuarto, a pesar de que la redacción y la numeración han cambiado con los años y han variado en países diferentes.

- Las **obras de misericordia** son acciones en nombre de los necesitados física, espiritual y emocionalmente. Se sacan de las Escrituras (particularmente de los mandatos de los profetas y las acciones de Jesús) y de la práctica de la Iglesia. Practicar obras de misericordia puede ser beneficioso tanto como penitencia como con fortaleza de conciencia.

Antecedentes catequistas

Para información sobre el lugar de los preceptos de la Iglesia en la formación de la conciencia, vea el *Catecismo de la Iglesia Católica* (#2041–2042). Para más sobre las obras de misericordia y otras acciones de justicia en la vida moral cristiana, vea el *Catecismo de la Iglesia Católica* (#2443–2449).

Examen de conciencia

1. Examina tu vida. Compara tus acciones y decisiones con las Bienaventuranzas, los Diez Mandamientos, el Mandamiento Nuevo del Señor y los preceptos de la Iglesia.
2. Pregúntate:
   - ¿En cuáles ocasiones no he hecho lo que Dios quiere que haga?
   - ¿A quién he lastimado?
   - ¿Qué he hecho que sabía que era incorrecto?
   - ¿Qué no he hecho que debía haber hecho?
   - ¿Hay pecados graves que no mencioné en mi última confesión?
   - ¿He hecho penitencia? ¿He hecho todo lo posible para remediar los pecados del pasado?
   - ¿He cambiado mis malos hábitos?
   - ¿Estoy sinceramente arrepentido de mis pecados?
3. Además de confesar tus pecados, quizás desees hablar con el sacerdote sobre una o más de las preguntas anteriores.
4. Reza por la ayuda del Espíritu Santo para que puedas cambiar y comenzar de nuevo.

Examen de conciencia : 59

Examen de conciencia

Esta página provee un formato de ejemplo para un examen de conciencia.

- Repase estos pasos y estas preguntas con los niños.
- Recuerde a los niños que éste es un modelo para que trabajen. Anime a los niños a hacer sus propias preguntas para un examen de conciencia basadas en los Diez Mandamientos, las Bienaventuranzas y los preceptos de la Iglesia.
- Enseñe a los niños la oración tradicional del Espíritu Santo ("Ven, Espíritu Santo...") o ayúdelos a componer sus propias oraciones para la guía y ayuda del Espíritu Santo.

Antecedentes

La práctica de devoción revisando la vida de uno, ha sido parte de la espiritualidad cristiana de los primeros días y tiene sus raíces en la tradición judía de la reflexión espiritual comunitaria. Los monjes del desierto y más tarde las ordenes monásticas católicas, desarrollaron más la práctica. En épocas de la historia de la Iglesia ha habido un énfasis exagerado de los aspectos legales del pecado conduciendo a fórmulas rígidas ("listas de lavandería") para el examen de conciencia. Hoy en día, el énfasis ha regresado a una reflexión más balanceada de los pecados y las fallas de uno con la firme intención de mejorar.

Antecedentes catequistas

Para más información sobre la formación y el examen de la conciencia moral cristiana, vea el *Catecismo de la Iglesia Católica* (#1776–1794). Para un ejemplo del examen de conciencia dirigido a los adultos, vea el Apéndice III del *rito penitencial*.

Celebrar el sacramento de la Reconciliación

Estas páginas describen las formas comunitarias e individual del sacramento de la Reconciliación. Use estas páginas para la preparación y el repaso. El material en estas páginas también se provee para los niños en *Mi libro de la Reconciliación* para que lo usen durante y después del período de preparación. Como parte de la preparación de los niños, quizás Ud. quiera usar el material de estas páginas como un repaso superficial de la celebración de la Primera Reconciliación de los niños.

Celebrar el sacramento de la Reconciliación

El Rito comunitario de la Reconciliación

- Antes de celebrar el sacramento de la Reconciliación, toma tiempo para examinar tu conciencia. Pide la ayuda del Espíritu Santo.

1. **Ritos iniciales**
   Canta con los demás el primer himno. El sacerdote saludará a los congregantes y pronunciará la primera oración.

2. **Lectura de las Sagradas Escrituras**
   Escucha la palabra de Dios. Puede haber más de una lectura, con un himno o un salmo en medio. La última lectura se sacará de uno de los Evangelios.

3. **Homilía**
   Escucha mientras el sacerdote te ayuda a comprender el significado de las Escrituras.

4. **Examen de conciencia con la Letanía de contrición y el Padrenuestro**
   Después de la homilía habrá un período de silencio. El sacerdote puede conducir a los concurrentes en un examen de conciencia, seguido de la oración de confesión y la letanía o canción. Luego todos dirán el Padrenuestro juntos.

5. **Confesión individual, dar la penitencia y la absolución**
   Mientras esperas tu turno para hablar con el sacerdote, puedes orar silenciosamente o cantar con los otros. Cuando te toca a ti, confiesa tus pecados al sacerdote. Hablará contigo sobre cómo puedes portarte mejor y te dará una penitencia. Después, el sacerdote dirá la oración de absolución.

6. **Ritos de despedida**
   Después de que todos se hayan confesado individualmente, canta una canción o di una oración o letanía dando gracias. El sacerdote pronunciará la última oración y bendecirá a los congregantes. Luego el sacerdote o el diácono despedirá la congregación.

- Después de celebrar el sacramento, haz tu penitencia tan pronto como sea posible.

60 : Celebrar el sacramento de la Reconciliación

Centro de recursos

Conexión con la liturgia

El rito penitencial proporciona una serie amplia de oraciones y lecturas opcionales para usar en las celebraciones del sacramento de la Reconciliación. El rito también proporciona ejemplos de servicios de penitencia incluyendo un diseño específicamente para niños. Quizás Ud. quiera revisar algunos de los libros de oración con los niños o hacer arreglos para celebrar un servicio penitencial como parte de la preparación del sacramento para los niños.

El Rito individual de la Reconciliación

- Antes de celebrar el sacramento de la Reconciliación, toma tiempo para examinar tu conciencia. Pide la ayuda del Espíritu Santo.
- Espera tu turno para entrar en el salón de la Reconciliación.
- Puedes estar cara a cara con el sacerdote o separado del sacerdote por un tabique.

1. **Bienvenida**
   El sacerdote te saludará y te invitará a orar la Señal de la Cruz.

2. **Lectura de las Sagradas Escrituras**
   El sacerdote puede leer o recitar un pasaje de la Biblia. El sacerdote puede invitarte a leer de las Escrituras.

3. **Confesión de los pecados y la penitencia**
   Di tus pecados al sacerdote. El sacerdote hablará contigo sobre cómo puedes mejorar. Luego el sacerdote te dará una penitencia.

4. **Acto de Contrición**
   Di un Acto de Contrición.

5. **Absolución**
   El sacerdote pondrá su mano sobre tu cabeza y dirá la oración de absolución. Al mismo tiempo que dice las últimas palabras, hará la Señal de la Cruz.

6. **Oración final**
   El sacerdote orará: "Den gracias al Señor porque es bueno." Tú contestarás: "Su misericordia es eterna." Luego el sacerdote te despedirá.

- Después de celebrar el sacramento, lleva a cabo tu penitencia tan pronto como sea posible.

Celebrar el sacramento de la Reconciliación : 61

Antecedentes catequistas

Para más información sobre la teología y la práctica del sacramento de la Reconciliación, vea el *Catecismo de la Iglesia Católica* (#1422–1484).

Glosario

Esta sección le da a los niños una referencia visual para algunos términos claves asociados con el sacramento de la Reconciliación.

- Durante la preparación de los niños para la Primera Reconciliación, refiérase a esta sección para realzar su comprensión de la celebración.

- Invite a los niños a dibujar sus propias ilustraciones para algunos de los términos.

- Lleve a los niños a un paseo por la iglesia parroquial. Pida al sacristán u otros ministro parroquial que muestre a los niños el salón de Reconciliación, la capilla o el confesionario. Permita que los niños se sientan cómodos con los muebles del salón. Muestre a los niños cómo se arregla la iglesia principal para las celebraciones comunitarias del sacramento.

- Repase el glosario, palabra por palabra, pidiendo a los niños que suministren definiciones en sus propias palabras.

Glosario ilustrado

absolución

Perdón que recibimos de Dios a través de la Iglesia en el sacramento de la Reconciliación. La palabra *absolver* quiere decir "quitar con agua".

celebración comunitaria

Una manera de celebrar el sacramento de la Reconciliación. En una celebración comunitaria, los congregantes se reúnen para orar y oír la palabra de Dios. Luego cada penitente se confiesa, recibe una penitencia y es absuelto en privado.

celebración individual

Una manera de celebrar el sacramento de la Reconciliación. En una celebración individual, el penitente se reúne con el sacerdote en privado. El penitente se confiesa, recibe una penitencia y es absuelto en privado.

confesión

Decir nuestros pecados a un sacerdote en el sacramento de la Reconciliación. Lo que confesamos al sacerdote es privado.

Centro de recursos

Antecedentes catequistas

Para más información sobre los pueblos, los lugares y las cosas asociadas con la celebración del sacramento de la Reconciliación, vea la introducción al *rito penitencial*.

contrición

El arrepentimiento de los pecados y un deseo de mejorar. La contrición es nuestro primer paso hacia el perdón. Como parte del sacramento de la Reconciliación, rezamos un **Acto**, u oración, de **contrición**.

Escrituras

La palabra de Dios contenida en la Biblia. La palabra *escrituras* quiere decir "escrituras sagradas". Las escrituras se usan para pensar en el amor y el perdón de Dios en el sacramento de la Reconciliación. Un **lector** proclama las escrituras en la misa o en otras celebraciones litúrgicas.

examen de conciencia

Una manera devota de pensar sobre nuestras vidas y compararlas con los Diez Mandamientos, las Bienaventuranzas, la vida de Jesús y las enseñanzas de la Iglesia.

pecado

La decisión de desobedecer a Dios. El pecado puede ser grave (**mortal**) o menos grave (**venial**). Decidimos pecar deliberadamente. No es un error o un accidente. Aceptamos el perdón cariñoso de nuestros pecados cuando mostramos, por nuestro arrepentimiento, que queremos mejorar.

penitencia

Oraciones y acciones hechas para remediar el daño causado por nuestros pecados. En el sacramento de la Reconciliación, el sacerdote nos da una penitencia para hacer. La celebración del sacramento de la Reconciliación se llama el rito penitencial.

penitente

La persona que confiesa sus pecados al sacerdote en el sacramento de la Reconciliación.

sacerdote

Un hombre ordenado para servir a Dios y a la Iglesia celebrando los sacramentos, predicando y llevando a cabo la misa. El sacerdote es el **confesor**, o ministro del sacramento de la Reconciliación. Para el sacramento de la Reconciliación, el sacerdote lleva una estola. La **estola** es la señal de la obediencia del sacerdote hacia Dios y de su autoridad sacerdotal.

salón para la Reconciliación

Una habitación o capilla en la cual el confesor oye la confesión de pecados del penitente. Normalmente el salón contiene sillas, un sitio para arrodillarse, una mesa para la Biblia y una vela, y una pantalla que se puede mover y usar como tabique entre el sacerdote y el penitente.

Ejercicios y actividades

Esta sección de la Guía para la enseñanza contiene páginas reproducibles que proporcionan antecedentes o actividades de enriquecimiento adicionales para complementar las lecciones de *Celebrar nuestra fe: La Reconciliación*.

Páginas HA2–HA4—El hijo pródigo

Haga una copia de las páginas HA3–HA4 para los niños. Trabaje con ellos para representar la historia usando las sugerencias que se hallan en los Antecedentes de las notas de la página HA2.

Páginas HA5–HA7—La oveja descarriada

Haga una copia de las páginas HA6–HA7 para los niños. Trabaje con los niños para representar la historia usando las sugerencias que se hallan en las Notas de trasfondo de la página HA5.

Página HA8–HA10—Zaqueo

Haga una copia de las páginas HA9–HA10 para los niños. Trabaje con ellos para representar la historia usando las sugerencias que se hallan en las Notas de trasfondo de la página HA8.

Página HA11—Certificado de preparación de la Primera Reconciliación

Haga una copia de esta página para cada niño. Quizás desee hacer copias en papel pergamino o de dibujo. Ayude a los niños a llenar los espacios en blanco u obtenga información de ellos y pida a un calígrafo que escriba los certificados. Preséntelos en la última clase.

El hijo pródigo

basado en el evangelio de San Lucas 15, 11–32

Notas de trasfondo

Actores
- narrador (voz interna del hijo pródigo)
- hijo pródigo (hijo o hija)
- padre
- madre
- hermano o hermana mayor
- invitados (para dos escenas)
- cerdos

Ideas para disfraces
Todos los actores que son "personas" pueden usar túnicas de tela o papel con cinturones de cuerda o estambre. Algunos pueden usar batas de baño como ropa. Se pueden improvisar velos para las mujeres y turbantes para los hombres de fundas de almohadas y toallas. Los actores pueden usar sandalias o estar descalzos. El hijo pródigo debe tener una capa sobre una túnica raída; el padre debe darle al hijo una bata de colores brillantes como un gesto de bienvenida. Los cerdos pueden usar máscaras con platos y pezuñas de cartón.

Adornos
- un bulto o morral para el hijo pródigo
- bandejas de fiesta y jarras
- paja o papel arrugado para el chiquero
- un anillo para que el padre se lo dé al hijo pródigo
- bata de colores

Escenario
En esta producción se les pide a los niños que finjan mientras el narrador habla. Esta dramatización tiene tres áreas de acción: la casa de la familia, la ciudad y el chiquero. Éstos se deben indicar con escenarios en tres áreas diferentes. El padre y el hijo pródigo se encuentran a medio camino entre el chiquero y la casa de la familia.

El hijo pródigo

basado en el evangelio de San Lucas 15, 11–32

*En la apertura de la obra, el **hijo pródigo** abandona el hogar familiar. El **padre** y la **madre** están tristes viendo a su hijo que se aleja mientras el **hijo mayor** trabaja y actúa indiferente.*

Narrador: Recuerdo el día que me fui de casa. No me importaba lo que dijera mi familia. Pensaba que era lo suficientemente grande e inteligente para hacer lo que quisiera. Mis padres estaban tristes, pero yo estaba feliz. ¡Era hora de festejar!

*El **hijo pródigo**, cargando un bulto, desaparece hacia la ciudad. El **padre** y la **madre** observan tristes. Cuando el **hijo pródigo** llega a la ciudad, los **invitados** lo rodean. Actúan como si que la están pasando bien.*

Narrador: No me tomó mucho tiempo hacer amigos. Me ayudaron a gastar el dinero de mi padre. Festejábamos de día y de noche.

*El **hijo pródigo** finge estar cansado y se acuesta. Los **invitados** roban el bulto y el morral del **hijo pródigo** y se van. El **hijo pródigo** se despierta, finge tener un dolor de cabeza y ve que los amigos y sus pertenencias no están.*

Narrador: Quizás no fui tan inteligente después de todo. Ahora no tengo ni amigos, ni dinero y no hay manera de conseguir un trabajo. No creerán adónde fui a parar.

*El **hijo pródigo** finge buscar trabajo sin tener suerte. Finalmente, el **hijo pródigo** llega al chiquero. Los **cerdos** parecen hambrientos. El **hijo pródigo** se sienta en la grama y comienza afligidamente a alimentar a los **cerdos** con cáscaras de maíz. Después de un rato, el **hijo pródigo** finge morder una cáscara de maíz.*

Narrador: ¡Cerdos! En mi religión los cerdos son sucios. No podemos comer su carne y ni siquiera estar a su alrededor. Pero no tengo otra parte donde ir. Estaba tan hambriento que hasta el alimento para cerdos me parecía bien.

*El **hijo pródigo** finge quedarse dormido llorando. El **padre**, la **madre** y el **hijo mayor** rodean al **hijo pródigo** que está durmiendo y lo tocan con sus manos.*

Narrador: Una noche, soñé con mi hogar. Cuando desperté, recordé lo bueno que había sido mi familia conmigo. Lamenté haberlos dejado. Pensé sobre lo bien que mi padre trataba hasta los sirvientes. "Quizás regrese a casa", pensé. "Quizás pueda conseguir un trabajo como sirviente de mi padre".

*El **padre**, la **madre** y el **hijo mayor** regresan a la casa. El **hijo pródigo** se despierta, se estira y le da las últimas cáscaras de maíz a los **cerdos**. El **hijo pródigo** toca a algunos **cerdos** en la cabeza para decir adiós, toma una de las cáscaras de maíz para el camino y va hacia la casa. A medida que el **hijo pródigo** camina hacia la casa, el **padre** camina hacia el **hijo pródigo**. Se encuentran a medio camino y el **hijo pródigo** cae a los pies de su **padre**.*

Narrador: No estaba ni a medio camino de la casa cuando vi a mi padre. Él había ido a recibirme. Me sentía tan arrepentido. Me arrodillé a sus pies y le rogué que me perdonara. Le dije que no valía la pena que fuera su hijo, pero que podía ser un sirviente.

*El **padre** levanta al **hijo pródigo** y se abrazan. El **padre** toma un anillo de su mano y lo coloca en la mano del **hijo pródigo**. El **padre** dirige al **hijo pródigo** a la casa donde la **madre** espera para abrazarlo. El **padre** le pone una bata de colores al **hijo pródigo** y saluda a los **invitados** que llegan y fingen que celebran.*

Narrador: Mi padre me perdonó. Y no sólo eso, me hizo una fiesta. Fue una fiesta verdadera con amigos verdaderos. Estaba en casa.

*El **hijo mayor** llega de los campos, parece sorprendido por la fiesta y por el regreso del **hijo pródigo**. El **hijo mayor** va hacia el **padre** y finge estar enojado. El **padre** coloca su brazo alrededor del **hijo mayor**.*

Narrador: Mi hermano (hermana) no comprendía. No lo(a) culpo(a) porque yo tampoco creía que merecía una fiesta. Pero mi padre explicó. —Tú eres mi hijo bueno —dijo él—. Yo sé todo lo que haces y estoy orgulloso de ti. Pero, por supuesto, tenemos que celebrar porque era como si mi otro hijo estuviera muerto y ¡ha vuelto a la vida! Así es como yo lo sentía también.

*El **hijo pródigo**, el **hijo mayor**, el **padre** y la **madre** se agarran de las manos y sonríen.*

© BROWN-ROA

La oveja descarriada

basado en el evangelio de San Lucas 15, 1–7

Notas de trasfondo

Actores

- el buen pastor
- oveja perdida
- otras ovejas (las "noventa y nueve")
- lobo
- otros pastores

Ideas para disfraces

Los pastores pueden usar ropa sencilla o túnicas de papel con cinturones de cuerda o estambre. Algunos pueden usar batas de baño como ropa. Se pueden improvisar turbantes de fundas de almohadas y toallas. Los pastores pueden usar sandalias o estar descalzos. Las ovejas (incluyendo la oveja perdida) pueden usar túnicas blancas, patas de cartón y máscaras hechas de platos de cartón con algodón. La oveja perdida tiene un símbolo con el número 100 alrededor de su cuello. Las otras ovejas tienen símbolos con números al azar del 1 al 99. El lobo usa una máscara hecha con un plato de cartón y una bata o túnica marrón.

Adornos

- gancho o bastón de los pastores
- linternas

Escenario

Si es posible, realice esta dramatización al aire libre. Quizás quiera indicar las formaciones naturales como rocas, arbustos y hogueras con recortes de cartón.

La oveja descarriada

basado en el evangelio de San Lucas 15, 1–7

*En la apertura de la obra, el **buen pastor** dirige a las **ovejas** (incluyendo a la **oveja descarriada**). Los **otros pastores** están parados en la distancia. La **oveja descarriada** se queda atrás del resto explorando los arbustos y soñando.*

*El **buen pastor** se da cuenta de que la **oveja descarriada** se ha extraviado del grupo.*

El buen pastor: ¡Oye, tú! ¡La número 100! ¿Qué te he dicho sobre permanecer juntas?

*El **buen pastor** encamina a la **oveja descarriada** de vuelta al rebaño. El **lobo** entra y se esconde detrás de los arbustos observando las **ovejas** de vez en cuando. Mientras tanto, el **buen pastor** dirige al **rebaño** donde están los otros **pastores** fingiendo estar parados o sentados alrededor de una hoguera.*

El buen pastor *(al **rebaño**)*: Ustedes, quédense tranquilas. Pueden pastorear un poco, pero no se pierdan. Eso va contigo, ¡número 100! Recuerden que hay lobos por ahí.

*El **buen pastor** se sienta cerca de la hoguera y finge que está hablando y comiendo con los **otros pastores**. Las **ovejas** fingen pastorear en el pasto. Algunas se acurrucan para dormir. La **oveja descarriada** lentamente se separa del grupo y va hacia el arbusto donde espera el **lobo**.*

Lobo *(susurra)*: ¡Por aquí, ovejita, ovejita, ovejita! Así es, me refiero a ti. Ven acá. No te haré daño. ¿Por qué debes permitir que esos pastores te manden?

*La **oveja descarriada** se acerca al **lobo**, al principio con timidez pero después con más confianza. A medida que la **oveja descarriada** se acerca al **lobo**, la **oveja descarriada** se da vuelta y dice adiós en la dirección del **buen pastor**.*

Lobo *(a la **oveja descarriada**)*: ¡Está bien! Vamos, déjame mostrarte dónde pasarla bien. ¿Tienes hambre?

*La **oveja descarriada** aprueba con la cabeza. El **lobo** mira la **oveja descarriada**.*

Lobo: Mmmmm. Yo también.

El *lobo* guía a la **oveja descarriada** fuera de alcance detrás de un arbusto. *Mientras tanto, los* **otros pastores** *se han quedado dormidos. El* **buen pastor** *cuenta sus* **ovejas** *por última vez.*

El buen pastor: …97, 98, 99. Oh, esperen un momento. Eso no es correcto. Donde está la número 100. ¡Número 100! ¡Número 100! ¡No me engañes escondiéndote otra vez! ¡No es hora de jugar!

Los gritos del **buen pastor** *despiertan a los* **otros pastores** *y el* **rebaño**. *El* **rebaño** *hace balidos ansiosamente.*

Los otros pastores: Oye, ¿qué sucede? Baja la voz, ¿está bien?

El buen pastor: Me falta la número 100. Tengo que encontrarla.

Los otros pastores: Vamos. ¿Estás bromeando? La número 100 **siempre** está perdida. Date por vencido. Tienes 99 ovejas aquí.

El **buen pastor** *toma una linterna y un bastón. Se mueve para buscar a la* **oveja descarriada**. *Los* **otros pastores** *se sientan murmurando.*

El buen pastor: Estoy encargado de todo mi rebaño. No me doy por vencido por ninguna de ellas, ni siquiera por la número 100.

Mientras el **buen pastor** *busca la* **oveja descarriada**, *la* **oveja descarriada** *sale detrás de un arbusto, corriendo del* **lobo**. *El* **lobo**, *que se ha cansado de pretender ser amable, persigue a la* **oveja descarriada**. *Finalmente, el* **buen pastor** *se para entre el* **lobo** *y la* **oveja descarriada** *sosteniendo la linterna y el bastón y parece furioso. La* **oveja descarriada** *se acurruca como una pelota miedosa a los pies del* **buen pastor**. *El* **lobo** *se queda inmóvil y luego lentamente se pierde de vista.*

El buen pastor: Vamos, número 100. Regresemos al lugar donde perteneces. Tú sabes que nunca dejaría que un lobo te agarrara. Ahora no te pierdas otra vez, ¿está entendido?

La **oveja descarriada** *más aliviada hace balidos obedientemente. El* **buen pastor** *dirige a la* **oveja descarriada** *a la hoguera donde las* **otras ovejas** *la reciben felizmente. El* **buen pastor** *finge pasar algo de alimento a los* **otros pastores**.

El buen pastor: ¡Amigos, celebren conmigo! ¡He encontrado la oveja que estaba perdida!

Zaqueo

basado en el evangelio de San Lucas 19, 1–10

Notas de trasfondo

Actores

- Zaqueo
- Jesús
- discípulos
- gente del pueblo

Ideas para disfraces

Todos los actores pueden usar ropa o túnicas de papel con cinturones de cuerda o estambre. Algunos pueden usar batas de baño como ropa. Se pueden improvisar velos para las mujeres y turbantes para los hombres de fundas de almohadas o toallas. Los actores pueden usar sandalias o estar descalzos. La ropa de Zaqueo debe ser de mejor calidad que la de los demás.

Adornos

- mesa y taburete para el recaudador de impuestos
- dinero de juego
- escalera resistente y segura para el "árbol"

Escenario

Hay tres áreas de acción: la estación de recaudar impuestos de Zaqueo, el árbol y la casa de Zaqueo. Indíquelas colocando el escenario para la dramatización en tres áreas diferentes. Si es posible, haga la dramatización al aire libre, pero no permita que el niño que hace el papel de Zaqueo se trepe en un árbol de verdad o se monte más alto que los escalones de una escalera resistente.

Zaqueo

basado en el evangelio de San Lucas 19, 1–10

En la apertura de la obra, **Zaqueo,** *el recaudador de impuestos está sentado en su mesa. Una fila de* **gente** *espera para pagar impuestos.*

Zaqueo *(a la primera persona en la línea)*: Eso será, déjeme ver, ah… todo el dinero que tiene.

Esa **persona** *murmura y vacía sus bolsillos del dinero de juego sobre la mesa de* **Zaqueo.** **Zaqueo** *toma la mitad del dinero y la esconde en su túnica. Mientras* **esa persona** *se aleja tristemente, las* **otras personas** *en fila se compadecen de ella. Todos miran a* **Zaqueo** *con rabia.*

La gente: ¡Eso, Zaqueo! No es suficiente con tener que pagar impuestos, sino que también toma más de lo que debemos. No es sino un ladrón.

A medida que la siguiente persona se acerca a la mesa, **Jesús** *y sus* **discípulos** *entran y más* **gente** *los sigue. Toda la atención se dirige hacia ellos.*

La gente: ¡Miren! Jesús, el hijo del carpintero de Nazaret. Dicen que es un gran profeta. Cura a los enfermos. Hasta perdona a los pecadores en el nombre de Dios.

La **gente** *deja la fila de los impuestos, uno por uno, y se une a la multitud que rodea a* **Jesús.** **Jesús** *finge hablar con las personas y las bendice. Los* **discípulos** *llevan a la gente hacia donde está* **Jesús** *para que la ayude.* **Zaqueo** *se queda solo.*

Zaqueo: ¡Oigan, esperen! ¿Adónde van ustedes? No me interesa si el mismo Mesías ha venido, ¡aún así tienen que pagar impuestos!

Nadie escucha. **Zaqueo** *lentamente coloca todo el dinero sobre la mesa. Se levanta y se acerca a la multitud fingiendo no estar interesado.*

Jesús *(a la* **gente***)*: Vendan lo que tienen y den todo el dinero a los pobres. De esa manera, tendrán bolsas de dinero que nunca se agotarán. Habrán acumulado riquezas en el cielo que ningún ladrón puede robar. Porque donde está su tesoro verdadero es donde hallarán su corazón.

*Zaqueo coloca su mano en su corazón. Se queda pensando por un minuto y mueve su cabeza. Luego, trata de acercarse a **Jesús**, pero no puede ver por la **gente**.*

Zaqueo *(a él mismo)*: ¿Tesoro verdadero? ¿Qué quiere decir? Si este hombre llamado Jesús, puede perdonar a los pecadores, ¿podrá perdonar a un ladrón como yo? ¡Si tan sólo pudiera verlo! Soy tan bajo. Yo sé que puedo trepar este árbol sicomoro.

*Zaqueo trepa la escalera. **Jesús** voltea hacia arriba, lo ve y sonríe.*

Jesús: ¡Zaqueo! ¡Amigo! ¡Baja de ese árbol! ¡Voy a almorzar contigo!

*Zaqueo parece sorprendido. Los **discípulos** y la **gente** parecen asombrados y furiosos.*

La gente: ¿Almorzar con un pecador? ¿Qué clase de profeta es éste?

Discípulos *(a **Jesús**)*: Señor, ¿estás seguro? Oímos cosas muy malas sobre este Zaqueo. ¡Él trabaja para los romanos! ¡Le roba a su propia gente!

*Jesús los ignora. Le da su mano a **Zaqueo** que lentamente se baja del árbol y guía a **Jesús** hacia su casa. Los **discípulos** y la **gente** lo siguen. Zaqueo se detiene cuando llegan a su casa. Se queda de pie y habla en voz alta.*

Zaqueo: Señor, soy un hombre rico. Pero no soy muy feliz. Quiero hallar este tesoro verdadero del que hablas. Así que desde ahora le daré la mitad de todo a la gente que lo necesita. Y a todos los que he engañado, les reembolsaré cuatro veces lo que les robé. Yo sé que no les agrado mucho, pero me pueden perdonar, todos son bienvenidos a almorzar.

*La **gente** y los **discípulos** vitorean. Todos estrechan la mano de **Zaqueo**. Él comienza a pasar el dinero de papel a todos.*

Jesús: ¡Hoy ha llegado la salvación a esta casa!

Compasivo y propicio es el Señor,
es tardo en airarse y rico en gracia.
—Salmos 103, 8

El niño de Dios,

_____,

(nombre)

un miembro del Cuerpo de Cristo,
ha terminado la preparación para
la Primera Reconciliación. Celebrará este sacramento
del amor, el perdón y la misericordia de Dios, el

_____

(fecha)

en

_____.

(nombre de la iglesia)

Firma,

_____

(compañero de oración)

_____

(pastor o sacerdote de la parroquia)

_____

(catequista)

Retiro familiar para la Primera Reconciliación

El retiro familiar para la Primera Reconciliación es una oportunidad para que los niños que celebran la Primera Reconciliación exploren el sacramento y su significado con el padre o la madre o con otro adulto. Muchos padres quieren compartir la experiencia de la Primera Reconciliación con sus niños, pero no están seguros de cómo hacerlo. Los niños también quieren comprender el sacramento y compartir lo que entienden con una persona a la que quieren.

Este retiro está diseñado para unir a los niños y adultos. El ambiente estimulará el pensamiento y la conversación sobre el significado del sacramento de la Reconciliación y lo que éste representa en la fe católica.

El retiro también proporciona una oportunidad parroquial amplia para el crecimiento personal porque las personas involucradas en organizar el retiro, ganarán la comprensión del sacramento a medida que preparan e implementan las actividades del retiro. Por esta razón, quizás quiera considerar el establecimiento de un comité parroquial para trabajar en el retiro. Otra posibilidad sería usar a miembros de un comité parroquial existente, como la comisión de educación, para ayudarlo.

Las páginas del retiro familiar para la Primera Reconciliación contienen la preparación, las actividades y los ejercicios. El director de educación religiosa o un catequista de la Primera Reconciliación puede comenzar con la sección de preparación y continuar con las otras dos secciones para seguir el retiro como está escrito.

Hay flexibilidad en establecer el horario del retiro. Aunque se recomienda que las actividades del retiro se conduzcan en una sesión, quizás quiera explorar varias opciones para el horario de esa sesión.

Es muy importante pedir ayuda no sólo de los candidatos para la Reconciliación y sus familiares, sino también de los catequistas y la parroquia en general. Los ejemplos de los boletines de anuncios y una carta para los padres se incluyen para ayudarlo a obtener esta ayuda. La línea cronológica de la página R2 lo guiará al compartir esta información de una manera oportuna.

Finalmente, recuerde que el ingrediente más importante para el éxito de este retiro es su propio entusiasmo. Recuerde que Ud. está aumentando la comprensión de la Reconciliación en los niños, sus familias y toda la parroquia. ¡No es una hazaña pequeña!

Línea cronológica

Tiempo	Tareas
Comienzo del año escolar	Familiarizar al personal pastoral con la idea del retiro y obtener la aprobación de las personas necesarias para realizar el retiro; determinar si seguir el plan de uno o dos días; consultar con el programador de los horarios para reservar el espacio necesario; agregar el retiro al calendario anual suministrado a las familias; reservar los vídeos que planea prestar de una biblioteca diocesana.
Dos meses antes del retiro	Circular boletines de anuncios para solicitar voluntarios y recordar las fechas del retiro a los participantes de la Reconciliación y a las familias.
Seis semanas antes del retiro	Si no tiene suficientes voluntarios para ayudar con el retiro, comience a anunciar para hallar más.
Un mes antes del retiro	Verifique los materiales disponibles; encargue los materiales que no están a la mano; envíe la carta a la familia; verifique la reservación del vídeo.
Tres semanas antes del retiro	Reúnase con los líderes voluntarios de la sesión para repasar el plan del retiro, haga asignaciones específicas y distribuya planes de las actividades; circule boletines de anuncios familiarizando a la parroquia con el propósito del retiro y pidiendo su apoyo durante la oración.
Dos semanas antes del retiro	Verifique el estado de cualquier pedido de materiales; verifique que las familias hayan devuelto las formas de reservación; comuníquese con las familias que no hayan contestado; haga las copias necesarias; llene las carpetas; haga las etiquetas con nombres; haga los letreros para las puertas para los salones de las sesiones; seleccione a lectores para los servicios de oración y dé a cada uno su parte para que practique.
Una semana antes del retiro	Verifique cualquier pedido de materiales que esté pendiente; reúnase con el planificador de las instalaciones para verificar los requisitos del salón y los arreglos específicos; llame a los voluntarios para contestar cualquier pregunta y ver si necesitan ayuda con cualquier aspecto de sus responsabilidades.
El día antes del retiro	Recoja los vídeos; supervise los arreglos del salón; distribuya los materiales en los lugares donde se usarán.
El día del retiro	Llegue temprano para recibir a los voluntarios y dirigir a los candidatos de la Reconciliación y sus acompañantes; visite las sesiones para asegurarse de que todo está bien.
El día después del retiro	Escriba las notas de agradecimiento a los voluntarios y a otros que contribuyeron con el éxito del retiro; haga un inventario y guarde los materiales que sobraron; califique las evaluaciones.
Una semana después del retiro	Reúnase con los voluntarios, los representantes de las familias y otros involucrados en el retiro, para evaluarlo y tomar notas para el año siguiente.

Qué se necesita

Personas

Un adulto para cada niño Lo ideal sería el padre o la madre, pero las circunstancias familiares puede que no lo permitan y otros familiares participarán con el niño. En algunos casos, los vecinos o los padres de otros participantes pueden ser capaces de ir al retiro con un niño. Quizás sea necesario pedirles a miembros de la parroquia que acompañen a los niños que no tendrían otro acompañante.

Personal del retiro El personal sugerido para cada actividad se enumera en la hoja de actividad. El personal adicional incluye:

Director del retiro El director del programa de educación religiosa o de la escuela o del programa que planifica el retiro y está disponible para asegurar que todo salga bien durante el retiro.

Voluntarios en general Una o dos personas para dirigir a los participantes a medida que llegan; preparan el salón para el servicio de oración; coordinan el servicio de bocadillos y comidas y así sucesivamente.

Instalaciones

Necesitará un salón grande donde quepan todos los participantes para el servicio de oración de entrada y salida. Las mesas cerca de la entrada deben tener etiquetas de colores con nombres, carpetas y listas de inscripción. Si ha decidido dividir a los participantes en grupos pequeños, distinga con colores las etiquetas con nombres y asigne una mesa en este salón a cada grupo. También necesitará uno o dos salones de clases o salones de reunión grandes y acceso a un gimnasio o salón de actividades.

Materiales

Además de los materiales enumerados para cada actividad (ver páginas de actividades), Ud. necesitará algunos materiales generales y materiales para el servicio de oración de despedida.

Materiales generales

- carpetas (una para cada pareja de niño y adulto)
- etiquetas con nombres (si es necesario, coloreadas para cada grupo pequeño)
- Letreros para las puertas de los salones para actividades
- ejercicios (servicios de oración, folleto del niño, preguntas para comentar, horario, evaluaciones)
- bocadillos para la bienvenida
- velas y fósforos (una vela grande para la oración de entrada; una luz de vigilia en un recipiente de vidrio para cada familia para la oración de despedida) (**Nota:** Si las regulaciones de incendios prohiben esto, use un candelabro o candeleros. Colóquelos en el santuario o frente al salón y pida a cada pareja que encienda uno.)
- banderín con un soporte para el servicio de oración
- músicos o música suave grabada para el servicio de oración de despedida

Comentarios generales

Boletín de anuncios

El boletín de su parroquia se puede usar para ayudar a reclutar a voluntarios y recordar a los padres del retiro. A continuación, hay algunos ejemplos de anuncios:

> **¿Nos puede ayudar a compartir el amor de Dios? Se necesitan voluntarios para el retiro familiar para la Primera Reconciliación el *[fecha]*. Necesitamos a personas con cualquier destreza. Se les asignará una actividad dependiendo de su interés y experiencia. Por favor llame a *[nombre y teléfono]* para más información.**

> **Se les recuerda a los padres que el retiro para la Primera Reconciliación se realizará el *[fecha]* a la(s) *[hora]* en *[lugar]*.**

> **Se requieren sus oraciones para el éxito del retiro que nuestra clase de Primera Reconciliación realizará el *[fecha]*.**

Fotografías

Para ayudar a recordar a las familias del retiro y para informar a la parroquia sobre las actividades, quizás Ud. quiera asignar a un voluntario a tomar fotografías durante el retiro. Este voluntario puede ir de una actividad a otra, tomando fotografías de tantos niños y adultos como sea posible. Después de que se revelen las fotografías, ordénelas en una hoja de cartulina y exhíbalas en un lugar de su iglesia o escuela donde resalten.

Reunión de seguimiento

Después de un evento importante como este retiro, es muy tentador proclamarlo como un éxito y decidir seguir el mismo patrón el año siguiente. Sin embargo, quizás Ud. quiera convocar una reunión de seguimiento para descubrir lo que el personal y los voluntarios de la parroquia observaron en el retiro. Considere hacer cambios basados en esas observaciones y en las formas de evaluaciones de los participantes. Algunas preguntas que quizás quiera comentar incluyen:

- ¿Fue apropiado el horario para las actividades?
- ¿Estaban ocupados los niños y adultos en las actividades?
- ¿El arreglo del salón era adecuado?
- ¿Hubo dificultades al pasar de una actividad a otra?
- ¿Recibieron los voluntarios entrenamiento y apoyo adecuados?
- ¿Se debe agregar o quitar alguna actividad?
- ¿Cuáles fueron nuestros éxitos? ¿En qué podemos mejorar?

Horario

Al planificar el retiro, el director del retiro quizás quiera considerar las siguientes pautas:
- El número mayor de niños en un grupo pequeño es de siete a diez.
- Las parroquias con clases de Reconciliación grandes, pueden hacer los retiros con partes de la clase en días diferentes o tener a más de un grupo haciendo una actividad a la vez. Por supuesto que las instalaciones y los voluntarios de la parroquia influyen en esto y por consiguiente, el director del retiro puede que necesite ajustar el horario.

A continuación se da un ejemplo de un retiro de fin de semana por la tarde:

12:30	Llegada, distribuir etiquetas con nombres y carpetas, dirigir el servicio de oración de entrada
1:00	Los adultos a la Actividad 1a; los niños a la Actividad 1b; comienza la Sesión 1
1:40	Sesión 2
2:10	Sesión 3
2:40	Sesión 4
3:10	Se reúnen para hacer los comentarios finales y el servicio de oración de despedida (permita 20 minutos)

A continuación se da un ejemplo para el retiro nocturno en dos partes incorporando la celebración de la Reconciliación:

Día 1	
6:30	Llegada, distribuir etiquetas con nombres y carpetas, dirigir el servicio de oración de entrada
7:00	Sesión 2
7:30	Sesión 3
8:00	Sesión 4
8:30	Servicio de oración de despedida (permita 20 minutos)

Día 2	
7:00	Llegada; distribuir etiquetas con nombres y carpetas
7:10	Los adultos a la Actividad 1a; los niños a la Actividad 1b; comienza la Sesión 1
7:50	Recepción del sacramento de la Reconciliación (opcional)

Ejemplo de la rotación de grupos con los participantes divididos en tres grupos pequeños:

Grupo	Sesión 2	Sesión 3	Sesión 4
Grupo A	Actividad 2	Actividad 3	Actividad 4
Grupo B	Actividad 3	Actividad 4	Actividad 2
Grupo C	Actividad 4	Actividad 2	Actividad 3

Nota: Todos los grupos se reúnen para la Sesión 1 (Actividad 1a para adultos; Actividad 1b para niños).

# **A**ctividad 1a

Educación para adultos (40 minutos)

Propósito
- Suministrar información de trasfondo sobre la preparación de los niños para recibir la Primera Reconciliación
- Familiarizar a los adultos con los procedimientos para la celebración parroquial

Expositores
- Director de educación religiosa o de la escuela parroquial para información de la parroquia
- Voluntario para moderar conversaciones

Salón
Salón de conferencias o salón de clases grande

Preparación
- Seleccione un vídeo.
- Prepare los ejercicios con preguntas para comentar e información necesaria para la celebración parroquial.

Materiales
- vídeo sobre el sacramento de la Reconciliación como *Celebrating Reconciliation with Families* (producido por Salt River Production Group; BROWN-ROA)
- televisor y grabador de vídeos
- ejercicios cuando sea apropiado para información parroquial

Procedimiento
1. El líder comenta la historia y teología de la Reconciliación.
2. Se muestra y se comenta el vídeo.
3. Dé tiempo para la conversación de los adultos.
4. El director de educación religiosa o de la escuela comenta las prácticas y los procedimientos para la celebración parroquial (si el pastor no ha cubierto esto).

Director del retiro: Duplique esta página. Corte esta parte y haga copias para los encargados de la Actividad 1a.

Actividad 1b

Repasar la ceremonia y practicar la música (40 minutos)

Propósito
Enseñar a los niños las canciones y oraciones que se usarán en la celebración de la Primera Reconciliación.

Expositores
Catequista y ministro parroquial de música, maestro de música u organista.

Salón
Salón de música o salón de clases.

Preparación
- Seleccione canciones para enseñar a los niños para usar en el servicio de la Reconciliación. (El CD y la cinta de BROWN-ROA *Celebrating Our Faith* tienen varias posibilidades.)
- Obtenga copias de las canciones y los textos de oración. (**Nota:** No haga duplicados de música o textos de oración con derechos de autor del *rito penitencial* sin el permiso de la casa editorial.)

Materiales
- copias del *rito penitencial* o *Mi libro de la Reconciliación*
- hojas de música, himnos o misales
- piano, guitarra u otro instrumento musical como acompañamiento
- versiones grabadas de las canciones y el CD o grabador de cintas si es necesario

Procedimiento
1. Repase con los niños el orden de la celebración para su Primera Reconciliación. Tome unos minutos para repasar cada oración.
2. Pase más tiempo con el Acto de Contrición, ayudando a los niños a aprender de memoria el texto de una oración común o guíelos a componer su propia oración.
3. Enseñe a los niños una o más canciones que se usarán para la celebración de la Primera Reconciliación.

Director del retiro: Duplique esta página. Corte esta parte y haga copias para los encargados de la Actividad 1b.

# Actividad 2

Hacer un banderín (30 minutos)

Propósito
- Familiarizar a los niños y sus familias con los símbolos de la Reconciliación
- Preparar una presentación especial para la comunidad parroquial

Expositor
Catequistas o voluntarios

Salón
Salón de clases o salón de reuniones

Materiales
- símbolos de la Reconciliación (oveja con un bastón de pastor, corazón, cruz, tablas con los Diez Mandamientos y así sucesivamente.) (**Nota:** Quizás Ud. quiera exhibir las imágenes que se muestran en las seis Páginas para compartir de *Celebrar nuestra fe: La Reconciliación.*)
- fieltro o arpillera para el banderín, cuadros de fieltro u hojas de papel de colores para cada familia, marcadores para tela, tijeras, pegamento para tela o cinta adhesiva
- fotografías de los niños como se pidió en la carta a la familia

Preparación
- Exhiba los símbolos de la Reconciliación.
- Haga disponibles las fotografías de los niños.
- Prepare pedazos grandes de fieltro o arpillera para los banderines.

Procedimiento
1. Dirija la atención a los símbolos de la Reconciliación. Dirija al grupo en una conversación del significado de estos símbolos. Estimule a voluntarios a sugerir otros símbolos.
2. Invite a los niños a elegir sus símbolos favoritos. Suministre materiales de arte y pida a los adultos que ayuden a los niños a diseñar cuadros de fieltro o paneles de papel individuales incorporando sus símbolos favoritos y sus fotografías. Asegúrese de que todos firmen sus trabajos.
3. Ayude a las familias a colocar sus pedazos terminados en el banderín pero no pegue los pedazos todavía. (Los voluntarios harán esto mientras las familias trabajan en otra actividad). Explique que el banderín terminado se exhibirá en el servicio de oración de despedida y luego se presentará a la parroquia para exhibirlo hasta la celebración de la Primera Reconciliación.

Director del retiro: Duplique esta página. Corte esta parte y haga copias para los encargados de la Actividad 2.

ctividad 3

Aprender con un vídeo *(30 minutos)*

Propósito
Incitar una conversación de conceptos presentados en los vídeos

Expositor
Catequista, maestro de religión o voluntario

Salón
Salón de clases o salón de reuniones

Materiales
- televisor y grabador de vídeos
- uno o más vídeos con temas de la Reconciliación como *Celebrating Reconciliation with Children, Segment 2* y *Segment 5* (producido por Salt River Production Group; BROWN-ROA), *Skateboard* (Franciscan Communications/St. Anthony Messenger Press), *The Prodigal* (BROWN-ROA) o *The Parable of the Lost Sheep* (producido por Twenty-Third Publications; BROWN-ROA)

Preparación
- Revise y seleccione el(los) vídeo(s) que satisface(n) las necesidades de su parroquia.
- Revise la(s) guía(s) de comentarios para obtener sugerencias.

Procedimiento
1. Presente el(los) vídeo(s) usando estrategias de la guía de comentarios.
2. Muestre el(los) vídeo(s).
3. Use la(s) guía(s) de comentarios para repasar los puntos importantes y realzar la comprensión del grupo.

Director del retiro: Duplique esta página. Corte esta parte y haga copias para los encargados de la Actividad 3.

Actividad 4

Hacer una cruz (30 minutos)

Propósito

Enfatizar el lugar de la cruz en el perdón y la redención

Expositores

Catequistas o voluntarios

Salón

Salón de clases o salón de reuniones

Preparación

- Preparar una figura de una cruz de cartón (9″ de alto, 7″ de ancho con brazos de 4″ que se cruzan) para cada pareja de adulto y niño. Recorte las cuatro puntas en forma de V.
- Ensamble un ejemplo de la cruz para que sirva como un modelo para el grupo. (Vea abajo *Procedimiento*).

Materiales

- una cruz de cartón como se describe arriba, para cada pareja de niño y adulto
- una caja de palitos de fósforo (aproximadamente de 2″) para cada pareja de niño y adulto
- un molde de hojalata para pastel o láminas de hojalata para galletas pequeñas para cada pareja de niño y adulto
- pegamento

Procedimiento

1. Explique a los participantes que la cruz es un símbolo del amor de Cristo por nosotros. Cada vez que vemos una cruz, se nos recuerda que Jesús se sacrificó en una cruz por nuestros pecados.
2. Dé a cada pareja una cruz de cartón. Pida a cada niño que escriba su nombre en un lado (que será la parte de atrás) de la cruz.
3. Pida a los adultos, trabajando con cuidado y rápidamente, que enciendan y apaguen cada fósforo en sus cajas, colocando los fósforos quemados en el molde o la lamina de hojalata para que se enfríen.
4. Pida a los adultos que determinen el momento en el que los fósforos están lo suficientemente fríos para manejarlos. Pídales que sacudan el carbón sobre los moldes de hojalata.
5. Pida a los adultos que ayuden a los niños a esparcir el pegamento en la figura de la cruz de cartón trabajando con un lado de la cruz a la vez. Use el modelo que hizo para mostrar a los participantes cómo colocar los fósforos, con los lados quemados hacia adentro, en dos hileras siguiendo un patrón de espina de pescado en la superficie de la cruz y de acuerdo a la diagonal de los cortes en forma de V. (Las V que forman los palitos de fósforos se deben encontrar en una forma de X en el centro de la cruz).
6. Permita que las cruces se sequen. Una vez terminadas las cruces, éstas deben estar disponibles para que los niños las recojan después del servicio de oración de despedida.

Director del retiro: Duplique esta página. Corte esta parte y haga copias para los encargados de la Actividad 4.

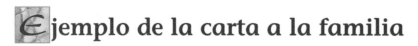jemplo de la carta a la familia

Use esta carta como un modelo para su carta. Anote información específica para su retiro y ajuste las descripciones a las actividades que estará haciendo. En este modelo también se incluye una forma de respuestas que se puede despegar.

[fecha]

Estimada familia de la Primera Reconciliación:

Como una manera de ayudarlos a preparar a su niño para celebrar la Primera Reconciliación, nuestro personal parroquial presentará un retiro para los participantes de la Primera Reconciliación y sus acompañantes adultos. Nos gustaría que cada niño fuera con uno de los padres, un pariente u otro adulto especial. Durante el retiro, los niños y sus acompañantes adultos explorarán la importancia de la Reconciliación y su significado en sus vidas.

Las actividades durante el retiro incluirán ver y comentar vídeos, hacer un banderín de la Reconciliación y hacer una cruz. También habrá una sesión especial sólo para adultos para comentar la preparación de los niños para la Primera Reconciliación. El personal de la parroquia y varios voluntarios han pasado muchas horas preparando lo que esperamos que sea una experiencia agradable para todos los participantes.

El horario del retiro es *[fecha y hora]* en *[lugar]*.

Para uno de nuestros proyectos necesitaremos una fotografía pequeña de su niño. Una fotografía escolar o instantánea servirá. Éstas se pegarán en un banderín que se exhibirá en la iglesia.

Por favor, regresen la siguiente forma indicando sus planes para el retiro.

¡Esperamos verlos en el retiro!

Sinceramente,

[Director de educación religiosa, sacerdote, catequista o director del retiro]

Retiro para la Primera Reconciliación

Nombre del niño _____

Nombre del acompañante adulto _____

_____ Asistiremos al retiro.

_____ No asistiremos al retiro.

olleto del niño

Quizás quiera preparar un folleto para que haga cada niño durante el retiro. Esto le dará al niño un recuerdo especial de su experiencia y servirá como una actividad adicional para los niños que terminan temprano. También proporcionará espacio para que los niños hagan bosquejos de los diseños para sus símbolos del banderín.

   Use tres hojas de papel de $5\frac{1}{2}'' \times 8\frac{1}{2}''$ para cada folleto. Después de que escriba o imprima la información para cada página y las duplique, únalas con grapas cerca del margen izquierdo de la portada. Las páginas deben tener la siguiente información con espacio a la izquierda para dibujos o escritos. (Asegúrese de ajustar las descripciones de las actividades para satisfacer su retiro.)

Página 1 (portada)
Nuestro retiro para la Primera Reconciliación

Por _____

_____

Fecha _____

Página 2
Aprendimos canciones y oraciones.
Escribe la letra de la canción o el Acto de Contrición.

Página 3
Hicimos un banderín.
Haz un dibujo de tu símbolo favorito de la Reconciliación.

Página 4
Vimos un vídeo.
Haz un dibujo de tu escena favorita del vídeo.

Página 5
Hicimos una cruz.
Escribe una oración sobre lo que significa la cruz para ti.

Página 6
Celebramos prendiendo velas.
Haz un dibujo o escribe sobre tu parte favorita de los servicios de oración.

   Quizás los catequistas deseen usar los folletos en una actividad de seguimiento después del retiro o puede enviar los folletos a la casa con las familias al final del retiro.

 Servicio de oración de entrada

La Señal de la Cruz

Líder: Padre, nos reunimos hoy en tu nombre para continuar nuestra preparación para el sacramento de la Reconciliación. Vigílanos y ayúdanos a recibir a nuestra familia y nuestros amigos que se han unido para compartir su sabiduría y apoyo. A medida que comenzamos nuestro tiempo contigo, encendemos una vela que nos recuerda a tu Hijo, Jesús, la Luz del mundo. Pedimos que su luz esté hoy con nosotros.

Todos: **Amén.**

(El líder enciende la vela principal.)

Niño 1: Dios, nuestro Padre, hemos venido a celebrar tu amor interminable por nosotros. Enséñanos a amar al prójimo como tú nos amas.

Todos: **Señor, ten misericordia.**

Niño 2: Jesús, buen pastor, ayúdanos a seguir tu camino de bondad y misericordia. Dirígenos a lo largo de tu camino aunque sea difícil.

Todos: **Señor, ten misericordia.**

Niño 3: Espíritu Santo, danos el coraje de admitir que hemos errado y la fortaleza para buscar reconciliación.

Todos: **Señor, ten misericordia.**

Líder: Amado Dios, nos has reunido para ayudar a estos jóvenes a crecer en tu amor. Muchas personas han guiado su viaje de fe y muchos los ayudarán hoy. Concédenos tu sabiduría al enseñar a estos niños y prepararlos para celebrar tu amor y misericordia en el sacramento de la Reconciliación.

Amado Padre, cuida a estos niños y ayúdalos a aprender con alegría tu gran don. Ayúdalos a salir de este retiro con más comprensión de y amor por tus sacramentos, especialmente la Reconciliación. Te lo pedimos por medio de tu Hijo, nuestro Señor Jesucristo.

Todos: **Amén.**

La Señal de la Cruz

Director del retiro: Duplique esta página. Corte esta parte y haga copias para todos los participantes del retiro.

ervicio de oración de despedida

La Señal de la Cruz o canción de entrada

Líder: Amado Dios, nuestro Padre, regresamos a este salón donde comenzó nuestro retiro para pensar sobre lo que hemos aprendido desde la última vez que estuvimos aquí. Venimos a alabarte y agradecerte.

Todos: Amén.

Líder: Permítenos escuchar ahora el mensaje del amor clemente de nuestro Padre en las palabras de Jesús.

Lector: Una historia del evangelio de San Lucas. (Pida a los niños que realicen la pantomima del Hijo pródigo. [vea las páginas HA2–HA4].)

Líder: Al igual que el hijo pródigo en la historia, haz que reconozcamos nuestras fallas, pidamos perdón y celebremos nuestro regreso a la casa del Padre. Como una señal de nuestro deseo de buscar el perdón y la reconciliación de los demás así como de Dios, permítenos ofrecer a los demás una señal de paz.

(Los participantes intercambian una señal de la paz.)

Líder: A medida que celebramos el fin de nuestro retiro exhibiendo nuestro banderín de la Reconciliación, permítenos renovar nuestro compromiso bautismal a la luz de Cristo compartiendo la llama.
(Mientras dos voluntarios llevan el banderín de la Reconciliación solemnemente al soporte del banderín, el líder y los asistentes, encienden las velitas y caminan por el grupo encendiendo las vigilias. Las luces de la vigilia encendida, se deben llevar hacia adelante y colocarlas en el altar o en la mesa mientras todos cantan: "I Want to Walk as a Child of the Light" del CD o la cinta de Celebrating Our Faith de BROWN-ROA).

Líder: Amado Padre en el cielo, haz que estas velas nos recuerden las promesas que hicimos en el Bautismo. Que iluminen el camino a una relación renovada contigo y con tu comunidad en el sacramento de la Reconciliación. Envía a tu Espíritu Santo a guiar a estos niños y a todo tu pueblo mientras caminamos el camino de la paz. Te lo pedimos en el nombre de Jesucristo, tu Hijo.

Todos: Amén.

La Señal de la Cruz o la canción de despedida

Director del retiro: Duplique esta página. Corte esta parte y haga dopias para todos los participantes del retiro.

 **valuación**

Nos gustaría saber tu opinión del retiro. Con tu acompañante, por favor toma unos minutos para llenar esta hoja. Dásela a un miembro del personal cuando termines.

1. ¿Cuál fue tu impresión general sobre el retiro?

   _____

   _____

2. Por favor, encierra en un círculo un número para evaluar las siguientes partes del retiro, siendo 1 = no fue útil y 5 = muy bien.

Actividad 1a (Educación para adultos)	1	2	3	4	5
Actividad 1b (Aprender oraciones y canciones)	1	2	3	4	5
Actividad 2 (Hacer un banderín)	1	2	3	4	5
Actividad 3 (Aprender con un vídeo)	1	2	3	4	5
Actividad 4 (Hacer una cruz)	1	2	3	4	5
Servicios de oración	1	2	3	4	5
Folleto del niño	1	2	3	4	5

3. Adulto: ¿Creen que este retiro lo ayudará a preparar a su niño para la Primera Reconciliación? ¿Por qué sí o por qué no?

   _____

   _____

4. Niño: ¿Qué fue lo más importante que aprendiste durante el retiro? ¿Por qué fue importante?

   _____

   _____

Por favor escriban en la parte de atrás de esta forma cualquier comentario adicional. ¡Gracias!

   _____

   _____

   _____

   _____

   _____

   _____

Director del retiro: Duplique esta página. Despegue esta parte y haga una copia para cada pareja de niño y adulto. Distribuya las formas de evaluación antes del servicio de oración de despedido.

Páginas de preparación para la familia

Esta sección está diseñada para proveer apoyo a las familias que preparan a sus hijos en la casa para la Primera Reconciliación. Las familias pueden decidir proceder con esta opción por varias razones, incluidas:

- el deseo de los padres de asumir la total responsabilidad de ser los principales educadores religiosos de sus hijos.
- la necesidad de preparar individualmente a aquellos niños que no siguen el mismo ciclo que el programa sacramental de la parroquia debido a diferencias en edad, enfermedad o incapacidad o la fecha de inscripción para hacerse miembro de la comunidad parroquial.
- falta de recursos en la parroquia para emprender un programa de preparación sacramental.
- interés en formar grupos en el vecindario, grupos de oración o comunidades básicas cristianas para la preparación sacramental de los niños por medio de las familias.

Planes de lecciones para la casa

Esta sección contiene páginas reproducibles para que las usen los padres y otros familiares con sus hijos en la casa. Se asume que al usar estas páginas, cada familia posee un libro del estudiante de *Celebrar nuestra fe: La Reconciliación*, una copia de *Mi libro de la Reconciliación* y un juego de las *Páginas para compartir*. Los planes de lecciones para la casa están diseñados para que sean fáciles de usar por los padres u otros familiares adultos. Éstos no requieren de materiales costosos o mucho tiempo. Se dan actividades adicionales para ampliar las lecciones en caso de que lo quieran hacer las familias.

Apoyo catequista

Aunque las familias que usen estas páginas en la casa tendrán lo que necesiten para preparar a sus hijos eficientemente para la Primera Reconciliación, el personal catequista y pastoral de la parroquia debe proveer tanto apoyo como sea posible. Éstas son algunas de las maneras de ayudar a las familias a preparar a sus hijos en la casa:

- Reúnase con las familias (bien sea una sola familia o un grupo) al comienzo del proceso preparativo. Dé a las familias copias de *Celebrar nuestra fe: La Reconciliación, Mi libro de la Reconciliación, Páginas para compartir* y los planes de las lecciones reproducibles. Informe a las familias a quién pueden contactar en la parroquia para conseguir apoyo.
- Dé a las familias información sobre los detalles prácticos, como obtener los certificados de bautismo y el horario y las pautas para la celebración de la Primera Reconciliación de la parroquia (por ejemplo: celebración comunitaria o individual). Clarificar estos pequeños detalles de forma anticipada, previene cualquier malentendido.
- Mantenga un vínculo entre las familias y la biblioteca de recursos de la parroquia o de la diócesis. Ponga a disposición los libros y vídeos para que las familias los usen (especialmente los recomendados en los planes de las lecciones).
- Si es posible, haga arreglos para que se reúnan las familias de los niños individualmente o con las familias de los niños que se preparan en la escuela parroquial o en el programa de educación religiosa, así como también con el pastor, el ministro musical y otro personal que participará en la celebración de la Primera Reconciliación. Asegúrese de incluir a estas familias en el retiro.
- Dé seguridad a las familias de que están desempeñando la labor que Dios les asignó. Reconozca su voluntad de crecer juntos en la fe de esta manera única.

Capítulo 1
Pertenecemos
Páginas 6–13

Ver *Catecismo de la Iglesia Católica, #1229–1233.*

Antecedentes

Los sacramentos de iniciación: Bautismo, Confirmación y Eucaristía, nos hacen miembros de la Iglesia. Nuestra iniciación en el misterio pascual de la muerte y resurrección de Cristo está incompleta hasta que celebramos los tres sacramentos. En los primeros siglos de la Iglesia, los sacramentos de iniciación se celebraban todos al mismo tiempo, al igual que se hace hoy en día en el rito de iniciación cristiana para adultos y en algunas comunidades de rito oriental y romano. De acuerdo con la experiencia de la mayoría de los católicos romanos, la Confirmación se ha separado del Bautismo y a menudo se celebra años después de la Primera Comunión. Pero cuando sea que se celebren los sacramentos de iniciación, forman una unidad que comienza con el nacimiento nuevo del Bautismo, continúa con la unción del Espíritu Santo en la Confirmación hasta que llegamos a compartir el Cuerpo y la Sangre de Cristo en la mesa de la Eucaristía. "Todos nosotros somos bautizados en un mismo Espíritu para formar un solo cuerpo" *(1 Corintios 12, 13).*

Cómo preparar a su hijo en la casa

Comenzar

- Recen juntos la oración de entrada y lean el texto de las páginas 6 y 7. Hable sobre cómo representa una forma de comunidad cada una de las fotografías.

- Suministre cartulina y creyones o marcadores de colores. Pida a su hijo que haga un bosquejo de su casa en una hoja y el de la iglesia en otra. Haga que cada bosquejo sea lo suficientemente grande para llenar la página. Escriba el nombre de su ciudad sobre el bosquejo de su casa y el nombre de su iglesia sobre su bosquejo. Luego, con la ayuda de su hijo, escriban dentro del bosquejo de su casa los nombres de algunas familias que pertenecen a su vecindario y escriban dentro del bosquejo de la iglesia los nombres de algunas familias en su comunidad parroquial. Comente cuántos nombres hay en cada dibujo. Luego, muestre a su hijo un mapa del mundo. Ayúdelo a ubicar la ciudad donde viven. Luego, señale todo el mapa y explique que nuestra Iglesia Católica tiene miembros por todo el mundo. Pregunte a su hijo de qué tamaño tendría que ser la hoja para incluir los nombres de toda nuestra comunidad católica.

Compartir las Escrituras

- Lea "Somos los Hijos de Dios" de las páginas 8 y 9. Converse sobre cómo se relacionan las fotografías con los dibujos.

- Hable sobre cómo podría haber sido no conocer a Jesús o al único Dios verdadero. Luego, pónganse en el lugar de la multitud que escuchó el discurso de San Pablo. Lea de nuevo el último párrafo de la página 9 y explique a su hijo que así como los miembros de la multitud de San Pablo eligieron incluirse en la familia de Dios, nosotros también elegimos responder al don de fe de Dios convirtiéndonos en miembros de la Iglesia.

Explorar el rito

- Lea el texto de las páginas 10 y 11, incluyendo la pregunta y respuesta de *Preguntamos.* Señale cada una de las fotografías mientras lee sobre el sacramento asociado con ésta (desde abajo a la derecha: Bautismo, Confirmación, Eucaristía). Comente cualquier pregunta que pueda tener su hijo.

- Si tiene fotografías de familiares celebrando cualquiera de los sacramentos de iniciación, muéstreselas a su hijo.

- *Mi libro de la Reconciliación*: Pida a su hijo que llene la página de personalización de *Mi libro de la Reconciliación.* Tome tiempo durante el transcurso de esta semana para familiarizarse con este folleto.

Vivir la Reconciliación

- Lea en voz alta las instrucciones para la actividad de la página 12. Hable con su hijo de nuevo acerca de la comunidad y los sacramentos de iniciación. Luego pídale que complete el certificado bautismal. Busque la información (fecha, iglesia, padrinos) y una fotografía antes de comenzar. Si no tiene una fotografía, ayude a su hijo a hacer un dibujo que represente su Bautismo.

- Recen juntos "Hijos de una familia". Comience y termine haciendo la Señal de la Cruz. Si su hijo no la ha aprendido todavía, muéstrele que debe hacerse despacio y con respeto. Quizás quiera leer el texto de la oración solo y pedirle a su hijo que lo acompañe al decir "¡Hosanna en el cielo!".

Seguir compartiendo

- Sirva de voluntario en un proyecto local que pueda ayudar a darle una idea a su hijo del tamaño de su comunidad. O, si es posible, sirvan Ud. y su hijo como feligreses voluntarios en una misa del domingo de la parroquia.

- *Página para compartir:* Completen juntos la *Página para compartir* del Capítulo 1. Es como una página de repaso, así que puede notar alguna duplicación. Pero debe servir para reforzar los conceptos claves del capítulo.

- Libros y vídeos: Quizás quiera compartir estos recursos adicionales, disponibles en la biblioteca, el centro de medios publicitarios de la diócesis o en catálogos de casas editoriales.

Para los niños y las familias

Celebrating Reconciliation with Children (serie de vídeos de 6 partes) (producida por Salt River Production Group; BROWN-ROA).

Segment 1: We Belong está diseñado para usarlo con este capítulo.

God Speaks to Us in Water Stories por Mary Ann Gett-Sullivan (The Liturgical Press).

Historias de las Escrituras con temas de agua que ayudan a los niños a explorar los símbolos del Bautismo.

Para adultos

A Child's Journey: The Christian Initiation of Children por Rita Burns Senseman (St. Anthony Messenger Press).

Un estudio de la celebración de los sacramentos de iniciación con los niños de edad catequística.

What Makes Us Catholic? Discovering Our Catholic Identity (vídeo) (Franciscan Communications/ St. Anthony Messenger Press).

Las creencias y costumbres que comparten los católicos.

Cómo prepararse para la celebración

Leer

"La cristiandad es más que una doctrina. Es el mismo Cristo que vive en los que ha reunido con Él en un cuerpo místico."

—*Thomas Merton*

Reflexionar

¿Qué significa ser cristiano?

¿Cómo demuestro que soy miembro del Cuerpo de Cristo?

Orar

Jesús,
Tú me has hecho parte de tu propio Cuerpo
en agua y Espíritu
y en el pan y vino sagrados de la Eucaristía.
Ayúdame a guiar a los niños
a comprender más ampliamente su vida cristiana
y su misión de compartir tu amor.
Amén.

Capítulo 2
Celebramos el amor de Dios
Páginas 14–21

Ver *Catecismo de la Iglesia Católica,* #1856–1857.

Antecedentes

Ser consciente de que se ha pecado es el impulso principal de la contrición y la reconciliación. Al igual que el hijo pródigo, "recobramos la calma" y reconocemos cuánto nos hemos alejado de la casa de nuestro Padre. El pecado mortal y el venial se diferencian en el nivel de gravedad, pero todo pecado personal tiene la misma raíz: alejarse del amor de Dios hacia nosotros. Luego decidimos por amor propio que nosotros somos mejores que eso. El sacramento de la Reconciliación es tanto un recordatorio como una celebración de la verdad maravillosa que Jesús compartió en la parábola; cuando reconocemos nuestros pecados y pedimos perdón, Dios nos da más de eso. "¡El Señor es misericordioso! Él es compasivo y paciente y su amor nunca falla" *(Salmos 103, 8).*

Cómo preparar a su hijo en la casa

Comenzar

- Hable de las veces en que cada uno de Uds. ha herido a otra persona de alguna forma y de las maneras en que han buscado perdón. Comente qué hubiera sucedido si la persona que hirieron no los hubiera perdonado.

- Rece la oración de entrada y lea el texto de las páginas 14 y 15 con su hijo. Comenten lo que sucede en cada una de las fotografías.

Compartir las Escrituras

- Cuando introduzca a su hijo en la Reconciliación, es importante que explique que cuando pecamos, Dios quiere que regresemos a Él en amor y aceptemos su misericordia. Para explicar esto, Jesús contó la historia de "El padre que perdona". Lean juntos la historia de las páginas 16 y 17. Señale las ilustraciones y hablen sobre lo que la historia significa para cada uno de Uds.

- Cuando hayan terminado de leer y comentar la historia, hagan una versión moderna de ésta. Túrnense para representar el papel del padre y el hijo.

Explorar el rito

- Repase las palabras en negritas de las páginas 18 y 19 con su hijo. Clarifique cualquier término que no comprenda.

- Lea en voz alta "Nuestra segunda oportunidad" y la pregunta y respuesta de *Preguntamos.* Deténgase en cualquier punto en el que su hijo pudiera tener preguntas. Dirija la atención de su hijo a las fotografías, especialmente la de una celebración comunitaria de la Reconciliación en la página 18.

- *Mi libro de la Reconciliación:* Repase la página 2 con su hijo. Quizás Ud. quiera hablarle sobre su primera celebración del sacramento de la Reconciliación.

Vivir la Reconciliación

- Ayude a su hijo a completar el ejercicio de la página 20. Lea las instrucciones en voz alta y recuérdele las respuestas que dio a los comentarios de los temas de este capítulo. Comente y afirme los sentimientos de su hijo.

- Recen juntos la oración de la página 21. Comience y termine haciendo la Señal de la Cruz. Quizás Ud. quiera leer el texto principal de la oración y pedirle a su hijo que lo acompañe al decir ¡Amén!

Seguir compartiendo

- Pida a su hijo que dibuje o hable sobre ejemplos de personas compartiendo el amor de Dios. Pídale que incluya también unos cuantos ejemplos de personas que deciden ignorar el amor de Dios. Hable sobre cada ejemplo.

- *Página para compartir:* Completen juntos la *Página para compartir* del Capítulo 2.

- Libros y vídeos: Quizás quiera compartir estos recursos adicionales, disponibles en la biblioteca, el centro de medios publicitarios de la diócesis o en catálogos de casas editoriales.

Para los niños y las familias

Celebrating Reconciliation with Children (serie de vídeos de 6 partes) (producida por Salt River Production Group; BROWN-ROA).

    Segment 2: We Celebrate God's Love está diseñado para usarlo con este capítulo.

The Story of the Lost Son por Tama M. Montgomery (Ideals Children's Books).

    La parábola del hijo pródigo narrada por niños.

Para adultos

Celebrating Reconciliation with Families (serie de vídeo de 2 partes) (producida por Salt River Production Group; BROWN-ROA).

    El Padre Joe Kempf ayuda a los padres a reflexionar sobre el significado del sacramento.

Your Child's First Confession: Preparing for the Sacrament of Reconciliation (Liguori).

    Una introducción al sacramento para los padres y las familias.

Cómo prepararse para la celebración

Leer

"La Reconciliación suena como un gran término teológico, pero simplemente significa que recobramos la calma, surgimos y nos dirigimos a nuestro Padre."

—John Oman

Reflexionar

¿Cuándo he experimentado una verdadera reconciliación en mi vida?

¿Quiénes son las personas que me enseñan el amor misericordioso de Dios?

Orar

Padre misericordioso,
aun cuando me alejo de tu amor,
Tú vas a encontrarme en el camino hacia tu casa.
Mantenme siempre abierto a tu perdón y
    misericordia
y ayúdame a mostrar a los niños
el camino hacia la casa de tu amor constante.
Amén.

Capítulo 3
Oímos buenas noticias
Páginas 22–29

Ver *Catecismo de la Iglesia Católica, #1349.*

Antecedentes

Hallamos a Dios en las Escrituras. La palabra inspiradora de Dios es una presencia viva en la comunidad cristiana. Esta palabra se comparte en la celebración de cada sacramento. El mensaje de las Escrituras tiene un significado especial en el contexto de la Reconciliación. Cuando reflexionamos en la palabra de Dios, medimos nuestras decisiones comparándolas con el llamado a la santidad. "Tu palabra es una antorcha que da luz a mi senda" *(Salmos 119, 105)*. Recordamos la ley del amor. "Señor, de tu amor está llena la Tierra. Enséñame tus estatutos" *(Salmos 119, 64)*. Y estamos animados a arrepentirnos ante el Señor, quien es "bondadoso, paciente y siempre amoroso" *(Salmos 145, 8)*.

Cómo preparar a su hijo en la casa

Comenzar

- Hable con su hijo sobre las diferentes maneras en las que se comparten las buenas noticias (televisión, radio, periódico, teléfono, correo electrónico). Pida a su hijo que recuerde algunas de las buenas noticias que su familia ha recibido recientemente y cómo las han compartido. Muchas familias tienen un lugar especial en la casa, como la puerta de la nevera o una cartelera, donde se colocan las noticias de la familia. Ud. y su hijo pueden crear o agregar a ese centro de buenas noticias.

- Rece la oración de entrada y lea el texto de las páginas 22 y 23 con su hijo. Antes de seguir, asegúrese de que su hijo comprende la palabra *Escritura*. Hojee una Biblia con su hijo, prestando cierta atención a los libros a los que más se hace referencia como Génesis, Salmos, los cuatro Evangelios y los Hechos de los apóstoles.

- Señale las fotografías y pregunte a su hijo qué semejanza observa entre ellas. (Cada una muestra que se comparten buenas noticias.)

Compartir las Escrituras

- Pregunte a su hijo si sabe lo que hace un pastor. Si no, busque recursos en la Internet o en su biblioteca, que pudieran ilustrar el trabajo de un pastor.

- Lea la historia de "Una oveja descarriada" y comente sus reacciones. Quizás Ud. quiera dramatizar la historia representando una versión modificada del juego de las escondidas. Túrnense haciendo los papeles del pastor y la oveja descarriada.

- Después de leer la historia, observe la ilustración y pida a su hijo que comparta lo que observa.

Explorar el rito

- Clarifique a su hijo las palabras en negritas de las páginas 26 y 27. Asegúrese de que las comprende totalmente antes de que Ud. lea el texto.

- Lean juntos "Palabras de amor y misericordia" y la pregunta y respuesta de *Preguntamos*. Comente cualquier pregunta que su hijo todavía pudiera tener sobre el material de estas páginas.

- *Mi libro de la Reconciliación:* Dé tiempo a su hijo para completar las páginas 3–5 y 12. Quizás quiera ponerle música para relajarlo. Puede repasar estas páginas con su hijo ahora o cuando repasen la *Página para compartir* del capítulo.

Vivir la Reconciliación

- Lea las instrucciones del ejercicio en la página 28. Los pasajes de las Escrituras sugeridos incluyen:

  "El Señor me apacienta, no me hace falta nada" (Salmos 23, 1).

  "Por lo cual estoy seguro de que ni la muerte, ni la vida, ni ángeles, ni principados, ni virtudes, ni lo presente, ni lo venidero, ni la fuerza o violencia" (Romanos 8, 38).

  "Alégrense siempre en el Señor. Se los repito: alégrense" (Filipenses 4, 4).

  "Entonen al Señor un canto nuevo, entónenlo al Señor las tierras todas" (Salmos 96, 1).

  Si su hijo tiene otro pasaje favorito de las Escrituras, úselo para el marcador de libros.

- Recen juntos "El Señor es bueno" de la página 29. Comience y termine con la Señal de la Cruz. Quizás Ud. quiera leer la parte principal de la oración a su hijo al mismo tiempo que lo invita a acompañarlo a decir el responsorio.

Seguir compartiendo

- Haga con su hijo un periódico familiar. Pídale que entreviste a tantos familiares como sea posible para descubrir las buenas noticias que han recibido últimamente. Ayude a imprimir las noticias en un formato de periódico o boletín de noticias. Puede seguir el modelo del periódico local agregando su nombre al título. Cuando termine, envíe copias del boletín a otros familiares y amigos que pudieran disfrutar al compartir las noticias.

- *Página para compartir:* Completen juntos la *Página para compartir* del Capítulo 3.

- Libros y vídeos: Quizás quiera compartir estos recursos adicionales, disponibles en la biblioteca, el centro de medios publicitarios de la diócesis o en catálogos de casas editoriales.

Para los niños y las familias
Celebrating Reconciliation with Children (serie de vídeos de 6 partes) (producida por Salt River Production Group; BROWN-ROA).

Segment 3: We Hear Good News está diseñado para ser usado con este capítulo.

The Lost Sheep por Debbie Tafton O'Neal (Judson Press).

Un relato de la parábola de Jesús sobre la misericordia de Dios.

Para adultos
How to Read and Pray the Gospel (Liguori).

Un manual para vivir la palabra de Dios diariamente.

Liturgy: Becoming the Word of God (audio) (Franciscan Communications/St. Anthony Messenger Press).

La catedrática popular Megan McKenna habla de cómo vivir la palabra de Dios.

Cómo prepararse para la celebración
Leer
"La palabra de Dios que recibes por tu oído, se detiene rápido en tu corazón. La palabra de Dios es el alimento del alma."

—*San Gregorio Magno*

Reflexionar
¿Cómo escucho las buenas noticias de Dios en las Escrituras?

¿Cómo pensar en la palabra de Dios me ayuda a evitar el pecado y buscar el perdón?

Orar
Dios bondadoso y misericordioso,
Tú me has dado tu palabra como guía para mi viaje.
Ayúdame a compartir la luz del evangelio con los niños
mientras se preparan para celebrar tu perdón cariñoso
en el sacramento de la Reconciliación.
Amén.

Capítulo 4
Consideramos nuestras vidas
Páginas 30–37

Ver *Catecismo de la Iglesia Católica, #1777–1783.*

Antecedentes

En algunos momentos de nuestras vidas, quizás pensemos en la conciencia como una voz externa y amistosa que consistentemente nos guía ligeramente en la dirección moral correcta. Por supuesto, que la verdad es maravillosamente más compleja. La conciencia se puede enseñar como una voz, pero es una voz interna, una armonía de intelecto y razón, emoción y voluntad tejidas en nuestra persona por Dios. Y, para depender de los toques de esa voz, debemos tomar la responsabilidad de formar nuestra conciencia, nutriéndola con la ley como se reveló en las Escrituras, con las enseñanzas de la Iglesia y con la persona de Jesús. Afortunadamente, tenemos la ayuda del Espíritu Santo. "Dichosos los sin mancha en su camino, los que en la ley del Señor caminan. Dichosos los que guardan sus preceptos, los que de todo corazón lo buscan" *(Salmos 119, 1–2).*

Cómo preparar a su hijo en la casa

Comenzar

- Lean juntos los Diez Mandamientos que se hallan en la página 57 del libro de su hijo. Pregunte a su hijo por qué Dios nos los dio.
- Rece la oración de entrada con su hijo. Luego, lea el texto de las páginas 30 y 31.
- Después de que haya terminado de leer, pregunte de nuevo a su hijo por qué Dios nos dio los mandamientos. (Esta vez su hijo debe estar más consciente de la felicidad que resultará al seguir los mandamientos.)

Compartir las Escrituras

- Pida a su hijo que dé su definición de los Diez Mandamientos en una oración.
- Lea la historia de "El Mandamiento Nuevo" con su hijo. Cuando hayan terminado de leer el texto, pídale que señale la ilustración para cada parte de la historia y que describa lo que sucede en cada dibujo.
- Aclare a su hijo que el hombre de la historia hacía lo que Ud. acaba de hacer, explicar los Diez Mandamientos en sus propias palabras.

Explorar el rito

- Clarifique los términos en negritas en "¿Cómo nos consideramos?" y *Preguntamos*, especialmente la palabra *conciencia*. (Quizás también necesite explicar las Bienaventuranzas a su hijo; las Bienaventuranzas se hallan en la página 56.) Cuando su hijo se sienta cómodo con los términos, lea las páginas 34 y 35.
- Juntos, hagan una pulsera, unos zarcillos o un adhesivo (o dos) con las letras *WWJD* (por las siglas en inglés de *What Would Jesus Do?* (¿Qué haría Jesús?)). Anime a su hijo a usar este recuerdo para evaluar sus selecciones morales.
- *Mi libro de la Reconciliación:* Dé tiempo a su hijo para que complete las páginas 4 y 10–11. Quizás quiera ponerle música para relajarlo. Puede repasar estas páginas con su hijo ahora o cuando repasen la *Página para compartir* del capítulo.

Vivir la Reconciliación

- Ayude a su hijo a completar el ejercicio de la página 36. Lea en voz alta las instrucciones y recuérdele sus respuestas a los comentarios sobre los mandamientos y la conciencia. Dibuje las tablas en otra hoja y complete cada enunciado en sus propias palabras. Cuando terminen, comparen sus resultados.

- Recen juntos la oración de la página 37. Comiencen y terminen con la Señal de la Cruz. Quizás quiera leer el texto de la oración a su hijo y pedirle que lo acompañe a decir el responsorio.

Seguir compartiendo

- Con su hijo, redacten diez mandamientos familiares. No tienen que ser iguales a los Diez Mandamientos, pero deben expresar los valores que su familia considera más importantes para su hogar. Cuando hayan terminado, decidan el mandamiento nuevo de su familia. Presente la lista a su familia y colóquela en un lugar importante.

- *Página para compartir:* Completen juntos la *Página para compartir* del Capítulo 4.

- Libros y vídeos: Quizás quiera compartir estos recursos adicionales, disponibles en la biblioteca, el centro de medios publicitarios de la diócesis o en catálogos de casas editoriales.

Para los niños y las familias

Celebrating Reconciliation with Children (serie de vídeos de 6 partes) (producida por Salt River Production Group; BROWN-ROA).

Segment 4: We Look at Our Lives está diseñado para usarlo con este capítulo.

Kevin's Temptation (vídeo) (producido por Twenty-Third Publications; BROWN-ROA).

Una historia sobre tomar la decisión correcta.

We Ask Forgiveness: A Young Child's Book for Reconciliation (St. Anthony Messenger Press).

Incluye material sobre el examen de conciencia.

Para adultos

"Examining Your Conscience Today" por George Alliger y Jack Wintz OFM (*Catholic Update*; St. Anthony Messenger Press).

Seven Principles for Teaching Christian Morality (audio) (Franciscan Communications/ St. Anthony Messenger Press).

Sugerencias para los padres sobre la comunicación de valores cristianos.

Cómo prepararse para la celebración

Leer

"Lo que llamamos conciencia es la voz del amor divino en lo profundo de nuestro ser, deseando la unión con nuestra voluntad."

—*J. P. Greaves*

Reflexionar

¿Qué imagen tengo de mi conciencia?

¿Cómo alimento y formo mi conciencia?

Orar

Dios de la sabiduría,
abre mi mente y mi corazón a tu voluntad
y forma mi conciencia con tu amor.
Envía a tu Espíritu para guiar a mi hijo
a aumentar su entendimiento.
Ayúdanos a tomar las decisiones buenas y
    amorosas
que nos pides.
Amén.

Capítulo 5
Pedimos perdón
Páginas 38–45

Ver *Catecismo de la Iglesia Católica, #1455–1456, 1467.*

Antecedentes Los beneficios terapéuticos de la confesión privada los reconocieron lo fundadores del psicoanálisis moderno, quienes basaron el proceso analítico en este rito antiguo. La confesión es buena para el alma, dice el proverbio, y los beneficios son mayores que un simple alivio que sentimos cuando liberamos un secreto doloroso. En la historia de la Iglesia, la confesión privada nació de la práctica de compartir el progreso espiritual de uno (o la carencia de éste) de los monjes célticos con un *anam-cara*, un "amigo del alma" o director espiritual. A pesar de que hoy celebramos el sacramento de la Reconciliación en una forma comunitaria, la confesión del pecado, la aceptación de la penitencia y la absolución, aún se celebran en privado exceptuando los casos de emergencia. Esto resalta la importancia de la responsabilidad personal al pecar y sus consecuencias, y permite que el confesor diseñe la penitencia que sea de más ayuda para las circunstancias del penitente. "Confiesen, pues, sus pecados uno a otro, y oren los unos por los otros, para que sean salvos: porque mucho vale la oración perseverante del justo" *(Santiago 5, 16).*

Cómo preparar a su hijo en la casa

Comenzar
- Mire con su hijo la foto de la página 38. Pídale que haga una historia de lo que sucede en las fotos. Hable sobre las veces en las que su hijo pudo habe
r estado en una situación parecida con un hermano, una hermana o con un amigo. ¿Su hijo se sintió mejor después de arrepentirse y disculparse por el daño?
- Recen juntos la oración de entrada y lean el texto de las páginas 38 y 39. Clarifique con su hijo las palabras en negritas antes de comenzar.
- Pida a su hijo que le explique la diferencia entre cometer un error y cometer un pecado. Si es necesario, lea de nuevo el último párrafo de la página 38.

Compartir las Escrituras
- Lea con su hijo la historia de "El hombre que cambió su vida" y miren la ilustración de Zaqueo en el árbol.
- Hablen sobre los pecados que Zaqueo cometió. Luego, explique a su hijo que Jesús perdonó a Zaqueo porque él admitió su error, estaba realmente arrepentido y prometió compensar a las personas que había engañado como una señal de que cambiaría su vida. Explique que nosotros podemos hacer lo mismo, no importa lo que hagamos, Dios nos ofrece el perdón. Tenemos que estar arrepentidos y aceptarlo.

Explorar el rito
- Clarifique las palabras en negritas de la página 43. Cuando su hijo se sienta cómodo con las palabras, lean juntos "La confesión y la penitencia" y la pregunta y respuesta de *Preguntamos.*
- Hable con su hijo, en términos generales, sobre lo que puede esperar de la experiencia de la confesión. Explique las maneras en las que el sacramento se celebra en su parroquia.
- *Mi libro de la Reconciliación:* Dé tiempo a su hijo para completar las páginas 6–7 y 13. Quizás quiera ponerle música para relajarlo. Puede repasar las páginas con su hijo ahora o cuando repasen la *Página para compartir* del capítulo.

Vivir la Reconciliación

- Ayude a su hijo a completar el ejercicio de la página 44. Lea las instrucciones en voz alta y recuérdele las respuestas a sus comentarios sobre la confesión y penitencia y sobre la historia de las Escrituras. Dibuje una vasija rota en otra hoja y dibuje o escriba sus propias respuestas. Cuando hayan terminado, comenten sus resultados.
- Recen juntos la oración de la página 45. Comience y termine haciendo la Señal de la Cruz. Quizás quiera leer el texto de la oración a su hijo y luego pedirle que se una en el responsorio.

Seguir compartiendo

- Tome tiempo para visitar el salón de Reconciliación o confesionario de su iglesia. Muestre a su hijo los componentes del espacio (la ventanilla, los bancos o sillas, la Biblia). Conteste cualquier pregunta que pudiera tener su hijo. La idea es no mistificar toda la experiencia de su hijo.
- *Página para compartir:* Completen juntos la *Página para compartir* del Capítulo 5.
- Libros y vídeos: Quizás quiera compartir estos recursos adicionales, disponibles en la biblioteca, el centro de medios publicitarios de la diócesis o en catálogos de casas editoriales.

Para los niños y las familias

Celebrating Reconciliation with Children (serie de vídeos de 6 partes) (producida por Salt River Production Group; BROWN-ROA).

Segment 5: We Ask Forgiveness está diseñado para usarlo con este capítulo.

Jesus and the Grumpy Little Man por Carol Greene (Concordia Press).

The Story of Zacchaeus por Marty Rhodes Figley (B. Eerdmans).

Dos relatos de la historia de Zaqueo para niños.

Para adultos

"How to Go to Confession" por Leonard Foley OFM (*Catholic Update*; St. Anthony Messenger Press).

The God Who Reconciles (vídeo) (Franciscan Communications/St. Anthony Messenger Press).

Este vídeo usa historias, testigos, enseñanzas y canciones para explorar el significado del sacramento de la Reconciliación.

Why Go to Confession? Questions and Answers About Sacramental Reconciliation por Rev. Joseph M. Champlin (St. Anthony Messenger Press).

Una guía para el rito penitencial.

Cómo prepararse para la celebración

Leer

"La confesión de obras malignas es el primer paso hacia obras buenas."

—*San Agustín*

Reflexionar

¿Cuando he experimentado los beneficios de la confesión?

¿Cómo puedo usar la confesión y recibir una penitencia para aumentar mi fe?

Orar

Jesús, amigo del alma,
ayúdame a mí y a mi hijo a verte
en el sacerdote que escucha nuestras confesiones.
Que estemos abiertos a tus direcciones amorosas
en las penitencias que recibimos.
Danos el coraje para aceptar responsabilidad por nuestras decisiones erradas
y la gracia de tomar mejores decisiones.
Amén.

Capítulo 6
Salimos perdonados y en paz
Páginas 46–53

Ver *Catecismo de la Iglesia Católica, #1489.*

Antecedentes

El sacramento de la Reconciliación tiene el efecto poderoso de devolver lo que ha sido separado o partido, el lazo de relación de gracia entre cada persona y Dios, la comunidad humana y toda la creación. La referencia a la creación nos puede dar una pausa. Sabemos que pecar rompe nuestra relación con Dios y con los demás. Pero, ¿por qué la Iglesia enseña expresamente que la absolución sacramental nos reconcilia con la creación? El desorden, la fractura radical que el pecado lleva a nuestras vidas, se extiende a todas las cosas porque todas las cosas vienen de las manos de Dios y comparten el mismo destino. Toda la creación debe regresar, en gracia, a la totalidad y la belleza original que el pecado rompió. El viaje final señalará la llegada del reino de Dios en su totalidad. Cada vez que participamos en el sacramento de la Reconciliación, experimentamos una anticipación de la alegría por la cual fuimos creados nosotros y todas las cosas. "Así las criaturas todas están aguardando con gran ansia la manifestación de los Hijos de Dios. Porque se ven sujetas a la vanidad, no de grado, sino por causa de aquél que les puso tal sujeción, con la esperanza. De que serán también las mismas libertades de esa servidumbre a la corrupción, para la libertad y gloria de los hijos de Dios" *(Romanos 8, 19–21).*

Cómo preparar a su hijo en la casa

Comenzar

- Clarifique las palabras en negritas de la página 47. Cuando su hijo se sienta cómodo con ellas, rece la oración de entrada y lea el texto. Comente las fotos y cómo se relacionan con el texto.

- Ud. hallará un Acto de Contrición en la página 55 del libro de texto de su hijo. Léanlo juntos y comenten algunas de las ideas que son más importantes para cada uno.

Compartir las Escrituras

- Lea con su hijo la historia de "La mujer perdonada".

- Hable con su hijo sobre lo arrepentida que estaba esta mujer. Explique que para ser perdonados, debemos estar verdaderamente arrepentidos por el daño que hemos causado. Señale la línea del Acto de Contrición que expresa: Yo me arrepiento de todos los pecados que he cometido hasta hoy y me pesa de todo corazón.

- Comente por qué las personas de la ilustración reaccionaron de esa manera.

Explorar el rito

- Clarifique las palabras en negritas de las páginas 50 y 51. Cuando su hijo se sienta cómodo con los términos, lea "La contrición y la absolución" y la pregunta y respuesta de *Preguntamos.*

- Dé a su hijo la oportunidad de leer el Acto de Contrición en voz alta. Explíquele que necesita familiarizarse con éste u otra forma de oración para el momento de la Primera Reconciliación. La oración de Jesús que se halla en la página 55, también se puede usar como un Acto de Contrición sencillo.

- *Mi libro de la Reconciliación:* Dé tiempo a su hijo para completar las páginas 8–9 y 14–16. Quizás quiera ponerle música para relajarlo. Puede repasar las páginas con su hijo ahora o cuando repasen la *Página para compartir* del capítulo.

Vivir la Reconciliación

- Ayude a su hijo a completar el ejercicio de la página 52. Lea las instrucciones en voz alta y recuérdele sobre las respuestas a sus comentarios sobre la confesión y absolución y sobre la historia de las Escrituras. A medida que su hijo escribe, componga su propio Acto de Contrición. Cuando los dos hayan terminado, comparen sus resultados.

- Recen juntos la oración de la página 53. Comience y termine con la Señal de la Cruz. Quizás decida leer el texto de la oración e invitar a su hijo a que se una para decir el responsorio.

Seguir compartiendo

- Haga un diario con su hijo que incluya anotaciones diarias de cómo él o ella ha compartido el amor de Dios. Las anotaciones pueden mencionar tanto las maneras en que su hijo ha aprendido de una decisión errada anterior y tomar una mejor decisión la segunda vez, como la manera en que ha compensado por el daño causado. El diario debe ser colorido y las anotaciones deben enfocar las acciones positivas de la reconciliación.

- *Página para compartir:* Completen la *Página para compartir* del Capítulo 6.

- Libros y vídeos: Quizás quiera compartir estos recursos adicionales, disponibles en la biblioteca, el centro de medios publicitarios de la diócesis o en catálogos de casas editoriales.

Para los niños y las familias

Celebrating Reconciliation wtih Children (serie de vídeos de 6 partes) (producida por Salt River Production Group; BROWN-ROA).

    Segment 6: We Go Forth in Pardon and Peace está diseñado para usarlo con este capítulo.

Jesus Forgives My Sins por Mary Terese Donze ASC (Liguori).

    Un libro de niños sobre la absolución sacramental.

Skateboard (vídeo) (Franciscan Communications/St. Anthony Messenger Press).

    Una parábola de Reconciliación en la familia.

Para adultos

Celebrating Reconciliation with Families (serie de vídeos de 2 partes) (producida por Salt River Production Group; BROWN-ROA).

    El Padre Joe Kempf ayuda a los padres a reflexionar sobre el significado del sacramento.

The Forgiving Family: First Steps Toward Reconciliation por Carol Luebering (St. Anthony Messenger Press).

    Vivir la gracia de la Reconciliación en la casa.

Cómo prepararse para la celebración

Leer

"Ser sagrado no significa nunca caer en el pecado. Significa ser capaz de decir: Sí, mi Dios, he caído mil veces. Pero gracias a ti me he levantado otra vez."

—*Dom Helder Camara*

Reflexionar

¿Cuáles son los efectos personales más importantes de la Reconciliación?

¿Qué influencia tiene la posibilidad del perdón de Dios en mi propio crecimiento en la santidad?

Orar

Amado Dios,
Padre del perdón, Hijo redentor y Espíritu
    santificador,
gracias por el sacramento de la Reconciliación
y por tu llamado a la santidad.
Ayúdame a guiar a estos niños a creer en tu
    misericordia
y a regresar a ti con confianza
a medida que crecen en la fe y el amor.
Amén.

elebrar otros sacramentos

Esta sección de la Guía para la enseñanza ofrece información de trasfondo, sugerencias y recursos referentes a la preparación de los niños para los otros sacramentos menos la Primera Reconciliación.

La Primera Comunión

Las normas de la Iglesia establecen que los niños de edad catequística (por lo general, de segundo grado) sean preparados para la Primera Reconciliación antes de la Primera Comunión. Idealmente, la preparación para estos dos sacramentos no debe combinarse y la celebración de la Primera Reconciliación debe preceder la celebración de la Primera Comunión.

Si Ud. o las familias de los niños los están preparando para celebrar la Primera Comunión, se darán cuenta que el programa **Celebrar nuestra fe** de BROWN-ROA es un recurso completo.

La Confirmación y la Primera Eucaristía

Hoy en día, muchas comunidades católicas trabajan para restaurar el orden original de los sacramentos de iniciación. Éstas invitan a los niños bautizados a celebrar la Confirmación antes o al mismo tiempo que la Primera Comunión. Las páginas S2–S4 de esta sección ofrecen información de trasfondo sobre esta práctica.

Si Ud. o las familias de los niños los están preparando para celebrar la Confirmación al mismo tiempo que la Primera Comunión, encontrarán planificaciones de lecciones suplementarias en la Guía para la enseñanza que acompaña el programa **Celebrar nuestra fe: La Eucaristía** de BROWN-ROA.

Como los niños deben estar en estado de gracia para confirmarse y recibir la Primera Comunión, normalmente ellos deben estar preparados para celebrar la Primera

Reconciliación antes de la Confirmación y la Primera Comunión. Las pautas de la diócesis y pastorales guiarán esta secuencia, pero en general, se celebra la Primera Reconciliación en un servicio comunitario, y luego se celebra la Confirmación y la Primera Comunión, unas semanas después. El rito de la Confirmación indica que la Confirmación de los niños de edad catequística debe celebrarse aparte de la Primera Comunión y no en una misa, sino que debe seguir la dirección de la diócesis.

Los sacramentos de iniciación

A veces, las familias presentan a sus niños para prepararlos para la Primera Reconciliación/ Primera Comunión sin haberlos bautizado. En esos casos, se les debe pedir a las familias que inscriban a sus niños en un programa de catecumenados, en el que los niños serán preparados para celebrar los tres sacramentos de iniciación: Bautismo, Confirmación y Primera Comunión, al mismo tiempo (por lo general, durante las vísperas de Pascua, con catecumenados adultos). Uno de los recursos disponibles es el programa *Children's Catechumenate* de BROWN-ROA. Si no hay programas de catecumenados en su área, el equipo pastoral debe trabajar con las familias y los niños para prepararlos para los tres sacramentos de iniciación.

En el caso de que los niños que se preparan para la iniciación, la Primera Reconciliación *no* precede la Primera Comunión. El Bautismo libra al niño del pecado original y de cualquier pecado personal y la Confirmación y la Primera Comunión se celebran en la misma ceremonia. Los niños que han celebrado los tres sacramentos de iniciación pueden ser preparados después para el sacramento de la Reconciliación y pueden celebrar este sacramento por primera vez en una celebración pastoral o individual posterior.

l orden de iniciación

La mayoría de los católicos romanos del siglo veinte, bautizados cuando eran infantes, celebraban la Primera Comunión a la "edad de la discreción" (alrededor de siete años) y eran confirmados unos años después. No fue sino hasta el restablecimiento del rito de iniciación cristiana para adultos (RCIA, por sus siglas en inglés), con sus efectos profundos en la forma en que los católicos perciben el proceso de iniciación, que se comenzó a cuestionar el orden en que se celebran los sacramentos. Muy pocos de nosotros comprendíamos que en vez de "la manera en que siempre lo hemos hecho", la secuencia Bautismo-Primera Comunión-Confirmación había sido la norma por menos de cien años.

En los primeros siglos de la Iglesia, se entendía que la iniciación (que casi siempre era la conversión de adultos al cristianismo) era un proceso. Los tres sacramentos: Bautismo, Confirmación y Eucaristía, que ahora observamos por separado, se experimentaban como una continua actividad. El nuevo cristiano era bautizado en el agua bautismal, ungido en la Confirmación e invitado a la mesa de la Eucaristía en una ceremonia integral. Esta unidad todavía se preserva en las iglesias de rito orientales.

El ministro de iniciación era el obispo, el sucesor de los apóstoles y el pastor de la comunidad local cristiana. Pero a medida que aumentó el número de cristianos, se le hizo más difícil al obispo estar presente. La Confirmación y el recibimiento de la Primera Comunión se posponían hasta que el obispo pudiera llegar hasta las parroquias muy extensas. (Actualmente aún vemos esto en la práctica de celebrar la Confirmación una vez al año durante la visita anual del obispo a la parroquia.) El Bautismo se convirtió en la práctica más común para los infantes y la Confirmación y Primera Comunión se veían como sacramentos de madurez. La iniciación total en la Iglesia se convirtió en un proceso que duraba por más de doce años.

Sin embargo, hasta el siglo doce, el orden original de los sacramentos de iniciación aún se conservaba. Los niños que se bautizaban siendo infantes, eran generalmente confirmados e invitados a la mesa eucarística alrededor a la edad de doce o trece años. El Papa Pío X en 1910 fue el que como respuesta al descenso del número de católicos que recibían regularmente la Comunión, cambió la edad de la Primera Comunión (y Primera Reconciliación) a la "edad de la discreción". Ese decreto ofreció la Eucaristía a los niños, pero con algunas excepciones, como la práctica en muchas comunidades católicas latinoamericanas, dejó aislada la Confirmación y alteró el orden de iniciación.

La teología que ve la Confirmación como un rito de paso de adolescentes o jóvenes adultos se debió a este cambio. Al revivir la RCIA y renovar el rito de la Confirmación, la Iglesia dejó a los obispos locales la decisión de la edad en que debe celebrarse la Confirmación. Esto condujo a la situación a finales del siglo doce, de que la Confirmación se celebrara a cualquier edad desde la infancia hasta la edad adulta.

Preparación para la Confirmación

¿Cuáles son las consideraciones prácticas involucradas en la preparación de un joven para celebrar la Confirmación? ¿Cómo se puede coordinar esta preparación con la de la Primera Comunión?

Es importante distinguir entre las situaciones de los niños que están y no están bautizados. Los niños en la edad de catecismo que aún no han sido bautizados, deben prepararse para los tres sacramentos de iniciación como parte del programa de catecúmenos de su parroquia. Estos niños deben tener sus propios catequistas y deben reunirse aparte de los catecúmenos adultos, pero deben seguir el mismo horario e idealmente deben ser iniciados con catecúmenos adultos en la celebración de las vísperas de Pascua.

Para los niños que han sido bautizados y cuyas familias los presentan para la preparación de la Primera Comunión (y Primera Reconciliación), es muy simple la catequesis para la Confirmación. Recuerde que la Confirmación no es un sacramento de madurez, como tampoco la preparación para la Confirmación es un tipo de "examen final" sobre la fe. Los proyectos de servicio cristiano no son un requisito de la catequesis para la Confirmación, a pesar de ser un componente familiar y beneficioso de muchos programas de Confirmación de adolescentes. El *Catecismo de la Iglesia Católica* (#1309) nos recuerda que la verdadera catequesis para la Confirmación, especialmente cuando se ve propiamente como un sacramento de iniciación, consiste en ayudar al candidato a acercarse a Jesucristo, en familiarizarse con el trabajo del Espíritu Santo y en permanecer abierto a su llamada para vivir el compromiso bautismal.

La Guía para la enseñanza *Celebrar nuestra fe: La Eucaristía* de BROWN-ROA contiene ocho lecciones reproducibles para la preparación para la Confirmación, que están relacionadas con los ocho capítulos del libro de la Primera Comunión.

articipación de la parroquia y la familia

La decisión de preparar a los niños para la Confirmación en el momento de la Primera Reconciliación y la Primera Comunión la debe tomar toda la comunidad parroquial después de consultarla con el líder diocesano. Debido a que este proceso varía de la práctica conocida por muchos feligreses, incluidas las familias de los niños, se debe tener cuidado de proporcionar la educación suficiente y de comentar con anterioridad la inscripción. Esto se puede lograr mediante boletines de la parroquia, reuniones familiares y foros de educación para adultos.

Como mínimo, a los padres y otros familiares adultos se les debe dar información sobre el lugar que ocupa la Confirmación en el orden de iniciación, en una reunión de preparación sacramental. El material de esta sección de introducción se puede adaptar para usarlo con las familias. Quizás Ud. quiera pedirle a un miembro de la diócesis o del equipo catequístico parroquial que proporcione información para las familias.

Aunque el obispo permanece como el ministro común de la Confirmación, en la mayoría de los casos, los niños que se van a confirmar en el momento de la Primera Eucaristía serán confirmados por el pastor u otro sacerdote que ha estado involucrado en su viaje catequístico, si es posible, el mismo sacerdote que presidirá en la misa de su Primera Comunión. Este sacerdote también debe ser invitado a hablar sobre el sacramento con los niños, sus familias y las personas responsables por el niño.

Personas responsables en la iniciación

El papel de las personas responsables en los sacramentos de iniciación es representar el apoyo de la comunidad cristiana durante el viaje de fe de los que se inician. En el caso de los niños y los jóvenes, las personas responsables en la iniciación se les llama usualmente padrinos porque tienen la responsabilidad adicional de apoyar a la familia del niño en la tarea de criar al niño en la fe.

La Iglesia recomienda altamente que los padrinos continúen el compromiso que hicieron en el Bautismo, de servir como las personas responsables de la Confirmación del niño. Esto realza la conexión entre los sacramentos. Sin embargo, por diversas razones no siempre es posible que los padrinos sirvan como las personas responsables de la iniciación. Los niños bautizados que son confirmados antes de la Primera Comunión pueden, con la ayuda de sus familias, elegir a una persona responsable, de cualquier sexo y hasta uno de los padres, para la Confirmación, para que estén con ellos en la ceremonia. Los requisitos canónigos para las personas responsables en la iniciación son: estar espiritualmente calificados para el oficio y satisfacer los siguientes criterios:

- Deben ser lo suficientemente maduros. (En la mayoría de las diócesis la norma es tener 16 años de edad como mínimo.)
- Deben pertenecer a la Iglesia Católica y estar totalmente iniciados (haber celebrado el Bautismo, la Confirmación y la Eucaristía).
- Para ejercer este oficio, no deben estar impedidos por cualquier otra ley o política diocesana. En el caso de los niños que se preparan para la Primera Comunión, los compañeros de oración parroquiales son considerados como una elección excelente para personas responsables en la iniciación si los padrinos no están disponibles.

ecursos

Los siguientes libros, vídeos y artículos del *Catholic Update*, disponibles en la biblioteca de recursos de la diócesis o en catálogos de las casas editoriales, ofrecen más antecedentes sobre los sacramentos de iniciación y la celebración de estos sacramentos con niños.

Anointing with the Spirit: The Rite of Confirmation/The Use of Oil and Chrism por Gerard Austin OP (The Liturgical Press).

El Bautismo por Joseph Martos (Liguori).

A Child's Journey: The Christian Initiation of Children por Rita Burns Senseman (St. Anthony Messenger Press).

The Christian Initiation of Children: Hope for the Future por Robert D. Duggan and Maureen Kelly (Paulist Press).

The Church Speaks About Sacraments with Children: Baptism, Confirmation, Eucharist, Penance (Liturgy Training Publications).

"Confirmation: A Deepening of Our Christian Identity" por Carol Luebering (*Catholic Update*; St. Anthony Messenger Press).

La Confirmación por Joseph Martos (Liguori).

La Eucaristía por Joseph Martos (Liguori).

"Have Sacraments Changed?" por Mark R. Francis CSV (*Catholic Update*; St. Anthony Messenger Press).

Lord of Light: Confirmation (vídeo) (BROWN-ROA).

RICA: Un Enfoque Práctico por Rosalie Curtin, et al. (The Liturgical Press).

The Sacraments: How Catholics Pray por Thomas Richstratter OFM (St. Anthony Messenger Press).

Understanding the Sacraments (vídeo) (St. Anthony Messenger Press/Franciscan Communications).